雍平　箋注

老子帛書異字通訓

雍平

古學發微四種

南方傳媒
廣東人民出版社
·廣州·

圖書在版編目（CIP）數據

老子帛書異字通訓/雍平箋注. —廣州：廣東人民出版社，2022. 12
（古學發微四種）
ISBN 978－7－218－16289－8

Ⅰ. ①老…　Ⅱ. ①雍…　Ⅲ. ①《道德經》—古文字—研究　Ⅳ. ①H121

中國版本圖書館 CIP 數據核字（2022）第 242281 號

LAOZI BOSHU YIZI TONGXUN
老子帛書異字通訓
雍　平　箋注

出 版 人：蕭風華

出版策劃：鍾永寧
責任編輯：胡藝超
封面設計：瀚文平面設計
責任技編：吴彦斌　周星奎

出版發行：廣東人民出版社
地　　址：廣州市越秀區大沙頭四馬路 10 號（郵政編碼：510199）
電　　話：（020）85716809（總編室）
傳　　真：（020）83289585
網　　址：http://www. gdpph. com
印　　刷：珠海市豪邁實業有限公司
開　　本：787mm×1092mm　1/32
印　　張：6. 5　　字　　數：340 千
版　　次：2022 年 12 月第 1 版
印　　次：2022 年 12 月第 1 次印刷
定　　價：88. 00 元

如發現印裝質量問題，影響閱讀，請與出版社（020－85716849）聯繫調换。
售書熱綫：（020）85716874

作者簡介

雍平（一九五九—　），史學家、古文家、訓詁學家、詩人、辭賦家、書法家。別號右溪，又號溪叟、溪翁、鑒堂居士，廣東興寧人。撰有學術專著《古學發微四種》（包括《殷鑑》《文心雕龍解詁舉隅》《老子帛書異字通訓》《文心發義》）、《小學引端》、《商王事跡契考》、《經史糾摘》。文學作品有《雍子寓言》《廣州塔賦》《韶陽樓記》《風度閣序》《洪荒演義》《右溪詩詞鈔》。

總序

予幼奉庭訓，每聞家君講誦，不敢怠惰，雖役志辭章學問，恧聞學褊隘，少無建樹。冠歲博訪通人，多識耆舊，承服風問，求諸深適，亹亹不已。年逾知非，轉耽學術，不拘牽門户，修己自植，狂臚典籍，考評經傳，漁獵訓詁，尋諸叢殘，凡可作楷槷者，盡爲鈔撮。迺嗣諸子之業，兼會精埒，頗得統緒，因此遒進，著篹漸積。自非胡輦之器，卓異之材，雖未涉上庠，然亦獨闖門逕，不守陳腐之言，不循迂僻之行。晚歲滯跡海隅，持老不衰，復丁乎壯，然脂暝寫，弄筆晨書，卷帙益增。

若夫海陬末學，晚能發聞國故，感喟無已！客歲鄉達羅育淼大雅過存，議決董理著作，薦諸出版。迺存其要者，都爲八卷，曰《古學發微四種》。感荷有關部門及領導重視與支持，感荷廣東人民出版社精心編輯。

公元二〇二二年歲次壬寅仲商雍平撰於廣州花洲右溪草堂

弁　言

《老子》書，傳之遠矣。世人討治，學家壯觀。追跡前驅，河上丈人發端於衰周之世，始通訓老指歸。嗣以韓非《解老》爲至，輔嗣之説任自然，明指略，一矯當日之弊，尤多鍼砭，洵一時之讜言。平叔甚奇弼之精注，嘆曰：「可與言天人之際乎！」漢時通訓，今所不傳。唐世傳本多出羽士，傅奕之流是也。邇世老子帛書出土，足資徵考。追觀世本，文頗有異。曲知學人，亢越兔蹊，妄穿崖穴，略無旁通，多莫能曉。蓋不明訓詁，莫知《老子》義諦也。余學末不敏，恢崇前緒，欲彰老子剩義，考諸故訓，頗多抉發，功有所逮耳。

公元二〇一八年歲次戊戌立冬雍平撰於廣州花洲右溪草堂

凡例

一、本書以馬王堆漢墓出土之老子帛書乙本爲底本，乙本闕損之文字主要用甲本及他本補上。凡補闕之文字用［］符號括上，例：「是以大丈夫居［亓厚而不］居亓泊。」

二、訓詁所據之書籍因於訓釋文中已標明，故不重複列於書後。

三、爲便於讀者閲讀時對照原文，故於所訓字條前移録該章文字。

四、本書正文原漏鈔之字，皆用括弧補上，例：「谷毋已［盈］將（恐）渴……。」

五、所補闕文非據單一校本時，則於補闕文字字腳用括弧小字標明，例：「吾是以［知无爲之有益（據甲本參照傅奕本補）］也。」

六、甲、乙本中同文出現異體字，則用乙本之字植入，如「无」與「無」。例：「是以无德」。

七、乙本闕文據甲本補之字是異字，則補入之字以〔〕符號括之。例：「大贏如〔炳〕」。

目録

第一章……一
第二章……六
第三章……一〇
第四章……一四
第五章……一五
第六章……一八
第七章……一九
第八章……二〇
第九章……二五
第十章……二六
第十一章……二九
第十二章……三一
第十三章……三三
第十四章……三六
第十五章……三八
第十六章……四二
第十七章……四四
第十八章……四六
第十九章……四八
第二十章……五〇

第二十一章……五三
第二十二章……五六
第二十三章……五七
第二十四章……五九
第二十五章……六〇
第二十六章……六二
第二十七章……六四
第二十八章……六六
第二十九章……六七
第三十章……六九
第三十一章……七一
第三十二章……七二
第三十三章……七五
第三十四章……七六
第三十五章……七七
第三十六章……七八
第三十七章……七九
第三十八章……八〇
第三十九章……八三
第四十章……八五
第四十一章……八八
第四十二章……九二
第四十三章……九四
第四十四章……九六
第四十五章……九九
第四十六章……一〇一
第四十七章……一〇四
第四十八章……一〇五

第四十九章……一〇六
第五十章……一〇八
第五十一章……一〇九
第五十二章……一一〇
第五十三章……一一二
第五十四章……一一四
第五十五章……一一七
第五十六章……一一九
第五十七章……一二一
第五十八章……一二三
第五十九章……一二六
第六十章……一三一
第六十一章……一三三
第六十二章……一三四
第六十三章……一三五
第六十四章……一三六
第六十五章……一四一
第六十六章……一四三
第六十七章……一四四
第六十八章……一四五
第六十九章……一四七
第七十章……一五〇
第七十一章……一五二
第七十二章……一五六
第七十三章……一五八
第七十四章……一六一
第七十五章……一六二
第七十六章……一六五

第七十七章……一六七
第七十八章……一六八
第七十九章……一六九
第八十章……一七一
第八十一章……一七二

附録《老子道德經》（三國魏王弼注本）……一七三

跋……一九五

第一章

上德不德，是以有德。下德不失德，是以无德。上德无爲而无以无也。上仁爲之而无以爲也。上義爲之而有以爲也。上禮爲之而莫之𤸇也〔一〕，則攘臂而乃之〔二〕。故失道而後德，失德而句仁〔三〕，失仁而句義，失義而句禮。夫禮者，忠信之泊也〔四〕，而乿之首也〔五〕。前識者，道之華也，而愚之首也。是以大丈夫居［亓厚而不（據甲本補）］居亓泊。居亓實而不居亓華〔六〕。故去罷而取此〔七〕。

〔一〕上禮爲之而莫之𤸇也

雍案：𤸇，於證切。「應」之古字，與「譍」「𧬄」同。對也。讎也。《説文·言部》：「𧬄，以言對也。从言，雁聲。」「諾，𧬄也。」段玉裁注：「𧬄者，應之俗字。」又《説文·言部》：「讎，猶『𧬄』也。从言，雔聲。」段玉裁注：「讎者，以言對之。」《玉篇·言部》：「讎，對也。」《説文·心部》朱駿聲《通訓定聲》：「應，字又作『譍』。」《左傳·僖公五年》：「憂必讎焉。」杜預注：

「讎，猶對也。」《史記・魏其武安侯列傳》：「頗不讎。」張守節《正義》：「讎，對也。」《漢書・王莽傳上》：「亡言不讎。」顏師古注：「讎，對也。」《後漢書・皇后紀上》：「詣東觀讎校傳記。」李賢注：「讎，對也。」《慧琳音義》卷七七「讎校」注引《説文》：「讎，譍言。」《史記・封禪書》：「其方盡，多不讎。」司馬貞《索隱》引鄭德云：「相應爲讎。」《大戴禮記・主言》：「孔子不應。」王聘珍《解詁》：「應，以言對也。」又《保傅》：「應而不窮者。」王聘珍《解詁》：「應，以言對也。」《易・乾》：「同聲相應。」《書・益稷》：「惟動丕應徯志。」《左傳・襄公二十三年》：「弗應。」《儀禮・鄉射禮》：「弟子自西方應曰諾。」陸德明《釋文》：「應，應對之『應』。」《論語・子張》：「當洒掃、應對。」劉寶楠《正義》：「散文『應』『對』無別，對文則『應』是唯諾。」

〔一一〕則攘臂而乃之

雍案：乃（傳世本作「扔」），如乘切。讀曰仍。古與「仍」同，音轉假借爲「扔」。《説文・乃部》：「乃，曳詞之難也。象氣之出難。」朱駿聲《通訓定聲》：「乃，叚借爲『仍』。」《説文・手部》：「扔，因也。」段玉裁注：「『扔』與『仍』音義同。」王筠《句讀》：「扔者，『仍』之分別字。」朱駿聲《通訓定聲》：「扔，以手攖之也。」王弼注本《老子》：「則攘臂而扔之。」陸德明《釋文》：「扔，因也；引也。」又引《字林》：「就也。」「數也。」「原也。」又引《讀書雜志・漢書第八・乃》：「《史記・匈奴列傳》：『乃再出定襄。』《漢書》『乃』作『仍』。《淮南・道應篇》：『盧敖乃與之語。』《論衡・道虛篇》『乃』作『仍』。是『乃』字古亦通作『仍』也。」《讀書雜志・漢書第八・乃》：「乃求得趙歇。」王念孫按：「『仍』『乃』聲相近，故字亦相通。」《書・洛誥》：「乃是不蘉。」劉逢祿《今古文集解》引莊存與云：「乃是之『乃』讀『仍』。」又《酒誥》：「不惟自息乃決。」江聲《集注音疏》：「『乃』之言『仍』也。」《楚辭・招魂》：「乃下招曰。」舊校：「乃，一作『因』。」

〔三〕失德而句仁

雍案：句，居侯切。古與「拘」音義相通。《集韻・候韻》：「句，拘也。」《說文・句部》桂馥《義證》：「句，或借『拘』字。」《說文・手部》朱駿聲《通訓定聲》：「拘，叚借爲『句』。」

〔四〕忠信之泊也

雍案：泊，傍各切。與「薄」音義相通。《別雅》卷五：「厚泊，厚薄也。」吳玉搢注：「《論衡・率性篇》：『稟氣有厚泊。』『泊』與『薄』同。」《文選・謝惠連〈西陵遇風獻康樂〉》：「曲汜薄停旅。」李善注：「『泊』與『薄』古字通。」《史通・論贊》：「子長淡泊無味。」浦起龍《通釋》：「泊，一作『薄』。」

〔五〕而乿之首也

雍案：乿，郎段切。亂也。亂之省文。亂，古又作「𤔔」。《説文・𠬪部》：「𤔔，治也。幺子相亂，𠬪治之也。讀若『亂』，同。一曰：理也。」徐鍇《繫傳》：「亂必當理，故『𤔔』爲『亂』，亦訓理。」《廣韻・換韻》：「𤔔，理也。」《玉篇・𠬪部》：「𤔔，亦作『亂』，兵寇也。」《説文・爪部》朱駿聲《通訓定聲》：「爪，叚借爲『搔』。」《慧琳音義》卷一〇〇「搔動」注引《考聲》：「搔，擾動也。」搔，古與「爪」通假。《周禮・秋官・冥氏》：「則獻其皮革齒須備。」鄭玄注：「備，謂『爪』也。」孫詒讓《正義》：「『騷』與『爪』通。」騷，古與「搔」通假，音義同。《儀禮・士虞禮》：「沐浴、櫛、搔翦。」鄭玄注：「搔，當爲『爪』。今文或爲『蚤』揃。」《別雅》卷二：「搔擾，騷擾也。」《後漢書・烏桓鮮卑列傳》云：「夫邊陲之患，手足之蚧搔。」蓋「爪」「騷」，又爲「搔」，訓曰：「騷動而亂也。」

〔六〕居亓實而不居亓華

雍案：亓，渠之切。「其」字古文，又通作「丌」。《類篇・亓部》：「亓，豈也。」《玉篇・亓部》：「亓，古文（其）。」《墨子·公孟》：「子亦有之曰。」孫詒讓《閒詁》：「戴云：『子亦，疑當作「亓子」。』亓，古『其』字。」《孔子家語·本姓解》：「娶於宋之亓官氏。」孫志祖《疏證》：「亓，古『其』字。」《讀書雜志·墨子第五·備城門》：「使重室子居亓上侯適。」王念孫按引王引之曰：「亓，古『其』字。」《説文·丌部》：「丌，下基也。」段玉裁注：「丌，字亦作『亓』。《墨子》書『其』字多作『亓』，『亓』與『丌』同也。」《墨子·雜守》：「及凡數。」孫詒讓《閒詁》：「蘇云：『「凡」字誤，當作「亓」，與「其」通；書中「其」多作「亓」。』」又《公孟》：「此亓故何也？」孫詒讓《閒詁》：「亓，顧校季本作『其』。」又：「亓父死。」孫詒讓《閒詁》：「畢云：『亓，一本俱作「其」。』詒讓案：『《意林》正作「其」。』」

〔七〕故去罷而取此

雍案：罷，符羈切。疲也。《逸周書·文政解》：「旅有罷寘。」朱右曾《集訓校釋》：「罷，疲也。」《廣雅·釋詁一》：「罷，與『疲』同。」「罷，勞也。」王念孫《疏證》：「『罷』『券』『煩』『御』諸字爲勞苦之『勞』。」《國語·周語下》：「上下不罷。」韋昭注：「罷，勞也。」《呂氏春秋·務本》：「將衆則罷怯。」高誘注：「罷，勞也。」

第二章

昔得一者。天得一以清，地得一以寧，神得一以霝〔一〕，浴得一（以）盈〔二〕，侯王得一以爲天下正。亓至也，胃天毋已清將恐蓮〔三〕，地毋已寧將恐發〔四〕，神毋〔已霝將（據甲本參照傅奕本補）〕恐歇，谷毋已〔盈（據甲本補）〕將（恐）渴，侯王毋已貴以高將恐欮。故必貴以賤爲本，必高矣而以下爲坧〔五〕。夫是以侯王自胃孤、寡、不橐，此亓賤之本與，非也？故至數輿无輿。是故不欲禄禄若玉，硌硌若石。

〔一〕神得一以霝

雍案：霝，郎丁切。「靈」之假借字。《説文·雨部》段玉裁注：「霝，亦假『靈』爲之。」《廣雅·釋言》：「霝，令也。」王念孫《疏證》：「《盤庚》：『弔由靈。』傳云：『靈，善也。』《鄘風·定之方中》篇：『靈雨既零。』鄭玄箋云：『靈，善也。石鼓文作霝雨。』『霝』『靈』『令』聲義並同。」

〔二〕**浴得一（以）盈**

雍案：浴，古禄切。古與「谷」音義相通，又假借爲「穀」。《廣雅·釋詁一》：「穀，養也。」王念孫《疏證》：「《老子》：『谷神不死。』河上本作『浴』，注云：『浴，養也。』『浴』與『谷』古聲義亦同。」王弼注本《老子》：「谷神不死。」陸德明《釋文》：「谷，河上本作『浴』。」《諸子平議·老子》：「谷神不死。」俞樾按：「谷者，『穀』之叚字。」《詩·大雅·桑柔》：「進退維谷。」王先謙《三家義集疏》引阮元云：「『谷』乃『穀』之叚借字。」《説文·水部》朱駿聲《通訓定聲》：「浴，叚借爲『谷』。」《大戴禮記·誥志》：「川浴不處。」王聘珍《解詁》：「浴，讀曰『谷』。」《山海經·西山經》：「濁浴之水出焉。」郝懿行《箋疏》：「《太平御覽》八百八卷、九百十三卷並引此經作『谷』。」

〔三〕**胃天毋已清將恐蓮**

雍案：胃，于貴切。「謂」字初文，音義相通。言也；語也。與之言曰「謂」，非必對言亦曰「謂」，人有所指亦曰「謂」，所以發言之旨趣也。銀雀山漢墓竹簡《孫臏兵法》「謂」亦作「胃」。《楚辭·九章·懷沙》：「人心不可謂兮。」蔣驥注：「謂，告語也。」王逸注：「謂，猶説也。」《廣雅·釋言》：「謂，指也。」王念孫《疏證》：「謂而言之曰『謂』。」

蓮（王弼本、傅奕本、河上本作「裂」），落賢切。與「裂」聲近而轉借爲「裂」。河上公注：「言天當有陰陽弛張，晝夜更用，不可但欲清明無已時，將恐分裂不爲天。」《莊子·天下》：「道術將爲天下裂。」郭璞注：「裂，分離也。」

〔四〕地毋已寧將恐發

雍案：發，方伐切。「廢」之假借字，古音義相同。《説文·弓部》朱駿聲《通訓定聲》：「發，叚借爲『廢』。」《管子·地數》：「葛盧之山發而出水。」許維遹《集校》引孫星衍云：「《藝文類聚》六十引作廢而出水。『廢』『發』，古字通用。」《荀子·禮論》：「大昏之未發齊也。」王先謙《集解》引盧文弨曰：「古『廢』『發』音同通用。」楊倞注：「《史記》作大昏之未廢齊也。」《廣雅·釋詁四》：「廢，置也。」王念孫《疏證》：「發，與『廢』聲近而義同。」《潛夫論·實邊》：「發徹屋室。」汪繼培箋：「發當讀爲『廢』。」《列子·仲尼》：「發無知。」殷敬順《釋文》：「一本作『廢無知』。」劉師培《老子斠補》：「發讀爲廢。」《莊子·列御寇》：「先生既來，曾不發藥乎？」陸德明《釋文》：「發，司馬本作『廢』。」《列子·黃帝篇》引作『廢』。又《繕性》：『非藏其智而不發也。』《御覽·逸民部》引作『廢』。《左傳·哀公十一年》疏引《竹書紀年》云：『梁惠王廢逢忌之藪以賜民。』《漢書・地理志》引作『發』。均其證也。『發』『廢』雙聲，故可通用。」劉師培《斠補》云：「發讀爲『廢』。《説文》：『廢，屋頓也。』《淮南子・覽冥訓》：『四極廢。』高（誘）注：『廢，頓也。』《左傳・定公三年》：『廢於爐炭。』杜（預）注：『廢，墜也。』頓墜之義，與傾圮同。恐發者，猶言將崩圮也，即地傾之義。『發』爲『廢』之省形。」

〔五〕必高矣而以下爲坖

雍案：坖，居之切。古「基」字，又作「坖」，音義同。《集韻・支韻》：「基，古作『坖』。」《群經平議・周書》：「示有危傾。」俞樾按：「示，當爲『亓』，古『其』字也。此文『亓』字當讀爲『基』。」《諸子平議・墨子三》：「是亦當而不可易者也。」俞樾按：「亦，當爲『亓』，古文『其』字也。」《玉篇零卷・丌部》引《字書》：「（亓，）古文『其』字。」《説文・丌部》：「丌，下基也。」段玉裁注：「丌，字亦作『亓』。《墨子》書『其』字多作『亓』，『亓』與『丌』同也。」《墨子・雜守》：「及凡數。」孫詒讓《閒詁》：「蘇云：『「凡」字誤，當作「亓」，與「其」通；書中「其」多作「亓」。』」又《公孟》：「此亓故何也？」孫詒讓《閒詁》：「亓，顧校季本作『其』。」又：「亓父死。」孫詒讓《閒詁》：「畢云：『亓，一本俱作「其」。』詒讓案：『《意林》正作「其」。』」

第三章

上〔士聞（據王弼本補）〕道，堇能行之〔一〕；中士聞道，若存若亡。下士聞道，大笑之，弗笑〔不足（據王弼本補）〕以爲道。是以建言有之曰：明道如費〔二〕，進道如退，夷道如類，上德如浴，大白如辱，廣德如不足，建德如〔偷（據王弼本補）〕，質〔真若渝（據王弼本補）〕。大方无禺〔三〕，大器免成，大音希聲，天象无刑〔四〕，道褎无名。夫唯道，善始且善成。

〔一〕堇能行之

雍案：堇，渠近切。古「僅」字，音義同。《説文·人部》段玉裁注：「今人文字皆訓僅爲但。」王筠句讀：「僅，又『廑』之異文。」《集韻·震韻》：「僅，亦省作『堇』。」《史記·貨殖列傳》：「然堇堇物之所有。」張守節《正義》：「音『謹』。」裴駰《集解》：「應劭曰：『堇，少也。』」《漢書·地理志下》：「然堇堇物之所有。」顔師古注：「堇，讀曰『僅』。」《慧琳音義》卷九七「僅辭」

注：「僅，或作『廑』。」《玄應音義》卷一「僅半」注：「僅，古文『勤』『廑』二形同。」《助字辨略》卷二：「僅，又與『勵』『堇』『廑』並通。」

〔二〕明道如費

雍案：費（王弼本、傅奕本、河上本作「昧」），扶沸切。「䀟」之假借字，「䀟」又作「昲」。《說文・目部》：「䀟，目不明也。从目，弗聲。」朱駿聲《通訓定聲》：「䀟，按與『眛』『昧』字皆同。」段玉裁注：「䀟，此疑即『昒』之或字。」《玉篇・目部》《廣韻・未韻》《集韻・未韻》：「䀟，目不明也。」《廣韻・未韻》：「䀟，目䀟昧不明皃。」《廣韻・未韻》：「䀟，或作『昲』。」《集韻・未韻》：「䀟，或書作『昲』。」

〔三〕大方无禺

雍案：禺（傳世本作「隅」），「隅」之假借字。《說文・由部》朱駿聲《通訓定聲》：「禺，叚借又爲『隅』。」《山海經・大荒北經》：「逮之于禺谷。」郝懿行《箋疏》：「《列子・湯問篇》『禺谷』作『隅谷』。」郭璞注：「禺，今作『虞』。」《說文・𠂤部》朱駿聲《通訓定聲》：「隅，亦作『禺』作『虞』。」《山海經・海內南經》：「桂林八樹，在番隅東。」郝懿行箋：「劉昭注《郡國志》

南海番禺引此經云：『桂林八樹，在賁禺東』。《水經（注）·泿水》注及《文選·遊天臺山賦》注引此經并作賁禺，又引郭（璞）注云：『……賁禺，音番隅，今本脱郭音五字，又言訛爲信也。』」

（四）天象无㓝

雍案：天象，《郭店楚墓竹簡》亦作「天象」。傳世本作「大象」。《易·繫辭上》：「在天成象，在地成形，變化見矣。」又：「天垂象，見吉凶，聖人象之。」長沙出土戰國帛書有「恪敬惟永，天象是則」之語。蓋「天象」所以無形，乃謂其陰陽變幻大而莫測，故無具體固定之形象。唐太宗《聖教序》云：「然而天地苞乎陰陽而易識者，以其有象也；陰陽處乎天地而難窮者，以其無形也。故知象顯可徵，雖愚不惑；形潛莫覩，在智猶迷。」天，古同「大」。《廣雅·釋詁一》：「天，大也。」《禮記·禮運》：「分而爲天地。」孔穎達疏：「極大曰天。」《戰國策·齊策一》：「右天唐。」高誘注：「天，大也。」《莊子·德充符》：「獨成其天。」陸德明《釋文》：「崔本『天』作『大』。」柳宗元《賀進士王參元失火書》：「乃今幸爲天火之所滌盪。」蔣之翹《輯注》：「天，一作『大』。」

㓝，户經切。「刑」之古字，音義同。常也；形也；見也。《爾雅·釋詁》：「刑，常也。」《説文·井部》：「㓝，罰辠也。从井从刀。《易》曰：『井，法也。』『井』亦聲。」桂馥《義證》：「㓝，經典通作『刑』。」《廣雅·釋言》：「㓝，倗也。」㓝，與「刑」同。《玉篇·刀部》：「㓝，同

「刑」。《集韻》：「刭，通作『刑』。」《類篇·井部》：「荆，古作型。」《管子·輕重丁》：「物之生未有刑。」許維遹《集校》引江瀚云：「『刑』與『形』同。」《韓非子・二柄》：「則審合刑名；刑名者，言與事也。」王先慎《集解》引張榜云：「刑，當作『形』。『刑』『形』二字本書通用。」《諸子平議・管子一》：「惡之有刑。」俞樾按：「『刑』當作『形』。是『刑』『形』古通用也。」《經義述聞・國語下・天地之刑》：「死生因天地之刑。」王引之按引王念孫曰：「刑，讀爲『形』。形，見也。」

第四章

反也者〔一〕，道之動也。［弱也（據甲本補）］者，道之用也。天下之物生於有，有［生（據王弼本補）］於无。

〔一〕反也者

雍案：反，府遠切。《説文·又部》朱駿聲《通訓定聲》：「反，叚借爲『返』。」《書·西伯戡黎》：「祖伊反。」孫星衍《今古文注疏》：「反，《説文》作『返』，云：『還也。』」《楚辭·遠遊》：「神儵忽而不反兮。」舊校：「反，一作『返』。」《文選·陸機〈挽歌詩〉》：「人往有反歲。」舊校：「五臣本作『返』。」《爾雅·釋言》：「還，返也。」郝懿行《義疏》：「返，通作『反』。」《左傳·哀公十六年》：「許公爲返祏。」陸德明《釋文》：「返，本亦作『反』。」《晏子春秋·内篇·諫上》：「十有八日而不返。」孫星衍《音義》：「返，《藝文類聚》作『反』。」《文選·曹丕〈與吴質書〉》：「雖書疏往返。」舊校：「五臣本『返』作『反』字。」

第五章

道生一，一生二，二生三，三生［萬物。萬物負陰而抱陽，沖氣（據王弼本補）］以爲和。人之所亞〔一〕，［唯孤（據甲本補）、］寡、不橐〔二〕，而王公以自［名也。物或益之而（據《文子・符言》補）］云，云之而益〔三〕。［人之所教，亦議而教人。彊梁者不得亓死（據傅奕本補）。］吾將以［爲學（據甲本補）］父。

〔一〕人之所亞

雍案：亞（甲本作「惡」），烏各切。讀爲「惡」。「惡」之古字。《説文・亞部》段玉裁注：「『亞』與『惡』音義皆同。」桂馥《義證》：「亞，經典通作『惡』。」《玉函山房輯佚書・費氏易》：「言天下之至賾而不可亞。」馬國翰注引晁氏曰：「亞，古文『惡』字。」《爾雅・釋言》：「亞，次也。」郝懿行《義疏》：「亞，通作『惡』。」《周禮・春官・肆師》：「凡師甸，用牲于社宗。」鄭玄注：「《尚書傳》曰：『王升舟入水，鼓鍾亞，觀臺亞，將舟亞，宗廟亞。』」孫詒讓《正義》：「《書傳》：『「亞」本皆爲「惡」，此引作「亞」者，從改讀字也。』」《古文苑·周宣王〈石鼓文〉》：「亞□□旲。」章樵注引施仇云：「亞，古《孝經》作『惡』，蓋古字通用。」《史記·惠景間侯者年表》：「亞谷。」司馬貞《索隱》：「一作『惡父』。」《易經異文釋》卷五：「秦（惠王）《詛楚文》云：『告于丕㬎大神亞駞。』禮器作『惡駞』。」

〔一二〕不𥞤

雍案：𥞤，古禄切。「穀」字省寫，通「轂」。《太玄·止》：「蓋蓋車，轂均疏。」司馬光《集注》：「『穀』『轂』，古字通。」又《狩》：「狩有足，託堅穀。」司馬光《集注》：「『穀』『轂』，古字通用。」又《衆》：「農輟馬穀。」司馬光《集注》：「王本『穀』作『轂』。」《左傳·僖公二十四年》《左傳·襄公十三年》：「不穀不德。」洪亮吉詁引河上公云：「不穀，喻不能，如車轂爲衆轂所濟。」又《僖公四年》：「豈不穀是爲。」杜預注：「『孤』『寡』『不穀』，諸侯謙稱。」《淮南子·人間訓》：「不穀親傷。」高誘注：「不穀，不禄也，人君謙以自稱也。」《列女傳·辯通·趙津女娟》：「不穀將行。」王照圓《補注》：「王侯自稱曰『不穀』。」

〔一三〕云之而益

雍案：云，王分切。《讀書雜志·荀子第二·儒效》：「云能則必爲亂。」王念孫按：「云者，有也。楊（倞）注《非十二子篇》引慎子曰：『云能有害。云能，有能也。』《法行篇》：『其云益乎？』云益，有益也。」《諸子平議·墨子一》：「既曰若法。」俞樾按：「『曰』字乃『云』字之誤。云者，有也。」《讀書雜志·荀子第二·儒效》：「古者多謂『有』爲『云』。《大雅·桑柔篇》：『荓云不逮。』言使有不逮也。如云不克。言如有不克也。」《諸子平議·墨子一》：「此非云益煐之情也。」俞樾按：「云益者，有益也。」《詩·大雅·桑柔》：「荓云不逮。」馬瑞辰《傳箋通釋》引《廣雅》：「云，有也。」《廣雅·釋詁一》：「云，有也。」《經詞衍釋》卷三：「云，有也。《離騷》：『孰云察余之美惡。』《九章篇》：『孰云而知之？』孰云，孰有也。」《群經平議·周易二》：「是故變化云爲。」俞樾按引《廣雅》：「云，有也。」

第六章

天下之至［柔（據甲本補）］，馳騁乎天下［之致堅〔一〕。无有入於（據甲本補）］无間。吾是以［知无爲之有益（據甲本參照傅奕本補）］也。不［言之教，无爲之益，天下希能及之（據甲本參照傅奕本補）］矣。

〔一〕馳騁乎天下［之致堅］

雍案：致，陟利切。古「致」與「至」音義相同。《爾雅·釋詁上》：「迄，至也。」郝懿行《義疏》：「至，通作『致』。」《墨子·明鬼下》：「至明罰焉。」孫詒讓《閒詁》引畢沅云：「『至』同『致』。」《周禮·考工記·弓人》：「覆之而角至。」孫詒讓《正義》引戴震云：「古字『至』『致』通。」《孟子·滕文公下》：「園囿汙池沛澤多而禽獸至。」焦循《正義》：「至，與『致』通。」《廣雅·釋言》：「薄，致也。」王念孫《疏證》：「至，與『致』通。」《管子·侈靡》：「故嘗至味。」戴望《校正》：「宋本『至』作『致』。」

第七章

名與［身孰親？身與貨孰多？得與亡孰病？（據甲本補）］［是故（據王弼本補）］［甚愛必大費，多藏必厚亡。故知足不辱，知止不殆，可以長久（據甲本參照傅奕本補）］。

第八章

〔大成若缺，亓用不幣。大盈若⿰氵盅〔一〕，亓用不竆〔二〕。大直如詘，大巧如拙，大贏如〔炳〕〔三〕。趮朕寒〔四〕，靚勝炅〔五〕，請靚，可以爲天下正（據甲本補）。〕

〔一〕大盈若⿰氵盅

雍案：⿰氵盅，直弓切。「沖」之異字，音義相同，又假借爲「盅」，虛也。《説文·水部》段玉裁注：「沖，凡用『沖虛』字者，皆『盅』之假借。」朱駿聲《通訓定聲》：「沖，叚借爲『盅』。」《玄應音義》卷二二「謙沖」注：「《説文》作『盅』，同。」《莊子·應帝王》：「吾鄉示之以太沖莫勝。」成玄英疏：「沖，虛也。」《淮南子·原道訓》：「沖而徐盈。」高誘注：「沖，虛也。」《太玄·少》：「地自沖。」范望注：「沖，虛也。」《文選·陸機〈演連珠〉》：「山盈川虛。」吕向注：「沖，虛也。」又《文選·張華〈鷦鷯賦〉》：「翰舉足以沖天。」李善注引《字書》：「沖，虛也。」《玉篇·水部》：「沖，虛也。」《玄應音義》卷二五「沖虛」注引《字書》：「沖，虛也。」《古文苑·蔡邕

〈尊銘〉》：「盈而不沖。」章樵注：「沖，虛也。」《文選·潘尼〈贈陸機出爲吳王郎中令〉》：「挹之彌沖。」李善注引《字書》：「沖，猶虛也。」又《王儉〈褚淵碑文〉》：「每懷沖虛之道。」李善注引《字林》：「沖，猶虛也。」《慧琳音義》卷五一「沖瀞」注引《老子》：「大滿若沖。」顧野王云：「沖，猶虛也。」

〔二〕亓用不竆

雍案：竆，渠弓切。假借爲「窮」，音義相同，極也；盡也。又假借爲「窘」，與「郡」通。《說文·穴部》：「窮，極也。从穴，躳聲。」朱駿聲《通訓定聲》：「窮，叚借爲『窘』。」《爾雅·釋詁下》：「郡，乃也。」邵晉涵《正義》：「『郡』通作『窘』。《小雅·正月》云：『又窘陰雨。』鄭玄箋：『窘，仍也。』」《後漢書·西羌傳》：「林辭窮。」《莊子·天運》：「吾止之於有窮。」成玄英疏：「窮，極也。」《呂氏春秋·決勝》：「勝則不可窮矣。」高誘注：「窮，極也。」《後漢書·酷吏列傳》：「爲窮怒之所遷及者。」李賢注：「窮，極也。」《論語·堯曰》：「四海困窮。」皇侃《義疏》：「窮，盡也。」《莊子·天地》：「存形窮生。」成玄英疏：「窮，盡也。」《淮南子·脩務訓》：「窮道本末。」高誘注：「窮，盡也。」

〔三〕大贏如〔炍〕

雍案：炍，徐志鈞《老子帛書校注》云：「炍，此字疑誤。乙本殘存部分有『……□巧如拙，□□□絀……』。《讀老》：『「大巧若拙」下又云：「是以贏而若詘」，疑所據有「大贏若絀」一句，無「大辯若訥」一句。』《馬王堆漢墓帛書・十大經・觀》：『其時贏而事絀。』炍義爲熱，與贏不成對應，疑是甲本筆誤。『大贏如炍』應作『大贏如絀』。絀，短缺，不足。《正字通》：『絀，音屈。贏絀，猶盈歉也。』《荀子・非相》：『緩急贏（嬴）絀。』」徐氏所云非是。詘，與「絀」古音義相同。《説文・糸部》朱駿聲《通訓定聲》：「絀，叚借又爲『詘』，實爲『曲』。」此章前文既言「詘」，接文復言「絀」，義不可能重。故「大贏如炍」之「炍」，非筆誤，乃「納」之假借字。炍，納也，義爲入也。與「内」音義相通，讀曰「納」。《集韻・合韻》：「納，古作『内』。」《廣雅・釋詁三》：「納，入也。」王念孫《疏證》：「納，古通作『内』。」《周禮・地官・泉府》：「則會其出入而納其餘。」孫詒讓《正義》：「納，『内』之借字。凡此經通例，内外字作『内』，出内字則借『納』爲之。」《説文・貝部》：「贏，有餘賈利也。」《説文解字注・貝部》：「贏，賈有餘利也。」蓋「大贏如炍」乃謂大贏如入，有餘利也。

〔四〕趮朕寒

雍案：趮，則到切。从走，喿聲。古「躁」字，音義相同。《説文・走部》：「趮，急也。」段玉裁注：「趮，今字作『躁』。」《玉篇・走部》：「趮，疾也。」《廣韻・号韻》：「趮，疾也。」「趮，或作『躁』。」《管子・心術上》：「搖者不定，躁者不靜。」《漢書・王子侯表下》：「東昌趮侯成。」顔師古注：「趮，古『躁』字。」

〔五〕靚勝炅

雍案：靚，疾郢切。假借爲「靜」。安也。《説文・見部》朱駿聲《通訓定聲》：「靚，叚借爲『靜』。」《漢書・揚雄傳上》：「稍暗暗而靚深。」顔師古注：「靚，即『靜』字。」又《王莽傳下》：「清靚無塵。」顔師古注：「靚，即『靜』字。」《楚辭・九辯》：「靚杪秋之遥夜兮。」朱熹《集注》：「靚，與『靜』同。」《漢書・百官公卿表》：「典容靚。」顔師古注：「靚，與『靜』同。」《後漢書・張衡列傳》：「潛服膺以永靚兮。」李賢注：「靚，與『靜』同。」《禮記・雜記下》：「雍人拭羊。」鄭玄注：「拭，靚也。」陸德明《釋文》：「靚，本亦作『靜』。」《玄應音義》卷一二「靜慮」注引《考聲》：「靜，安也。」《廣韻・靜韻》：「靜，安也。」《詩・邶風・柏舟》：「靜言思之。」毛萇傳：「靜，安也。」《呂氏春秋·音律》：「本朝不靜。」高誘注：「靜，安也。」《素問·生氣通天論》：「靜則多言。」王冰注：「靜，謂安靜。」又《樂記》：「寬而靜。」孔穎達疏：「靜，謂安靜。」又《大學》：「定而後能靜。」朱熹《章句》：「靜，謂心不妄動。」

第九章

〔天下有（據甲本補）〕道，卻走馬〔以（據甲本補）〕糞；无道，戎馬生於郊。罪莫大〔於〕可欲，禍〔莫大於不知足，咎莫憯（於）欲得，故知足之足，恒（據傅奕本參照甲本補）〕足矣。

第十章

不出於户，以知天下。不規於［牖〔一〕，以（據甲本補）］知天道。亓出籋遠者〔二〕，亓知籋［尟。是以耶人〔三〕，不行而知，不見（據傅奕本補）］而名，弗爲而成。

〔一〕不規於［牖］

雍案：規，規恚切。从見，圭聲。圭，土圭也。以測日影爲視也。通作「窺」，古又作「規」「瞡」「闚」。字異義同。《廣雅・釋詁一》《玉篇・目部》《廣韻・寘韻》：「瞡，視也。」《方言》卷十：「闚，視也。」錢繹《箋疏》：「『闚』『瞡』字異義同。」《荀子・非十二子》：「瞡瞡然。」楊倞注引或曰：「『瞡』與『規』同。瞡瞡，小見之貌。」《説文・穴部》：「窺，小視也。」朱駿聲《通訓定聲》：「窺，字亦作『瞡』。」《集韻・支韻》：「窺，通作『闚』。」《禮記・禮運》：「皆可俯而窺也。」陸德明《釋文》：「窺，本又作『闚』。」《韓非子・喻老》：「不闚於牖。」王先慎《集解》：「門中竊視曰『闚』。」《別雅》卷三：「窺窬，闚窬也。」《玄應音義》卷七「窺闚」注引《説文》：

「窺闖，小視也。」《文選·沈約〈齊故安陸昭王碑文〉》：「加以戎羯窺窬。」李周翰注：「窺窬，覘也。」《説文·穴部》：「窬，穿木户也。」《禮記·儒行》：「篳門圭窬。」陸德明《釋文》引郭璞《三倉解詁》云：「窬，門旁小窬也。」又引鄭玄云：「窬，門旁窬也。穿牆爲之，如圭矣。」《玄應音義》卷九「穿窬」注引鄭玄曰：「窬，門旁窬也，穿牆爲之，其形如圭是也。」蓋「圭」假借爲「規」，乃「圭」之小見也。窺窬，可轉訓爲「規窬」，亦可轉訓爲「闚窬」，門中竊視也。

〔二〕亓出簠遠者

雍案：簠，武移切。「彌」之假借字。益也。愈也。簠，上部籋乃薾之形誤。《説文·艸部》：「薾，華盛。从艸，爾聲。」段玉裁注：「『薾』與『爾』音義同。」徐鍇《繫傳》：「『薾』猶『彌漫』意也。」《易·繫辭下》：「知者觀其彖辭，則思過半矣。」韓康伯注：「其事彌繁則愈滯乎形。」孔穎達疏：「愈，益也。」《文選·謝靈運〈過始寧墅〉》：「疲薾慙貞堅。」李善注引《莊子》司馬彪曰：「薾，極貌也。」甚之爲極也。《後漢書·班彪列傳下》：「賤守節愈矣。」李賢注：「愈，猶甚也。」《吕氏春秋·論人》：「其索之彌遠者。」高誘注：「彌，益也。」《文選·顔延之〈陽給事誄〉》：「在困彌達。」吕延濟注：「彌，益也。」《文選·王儉〈褚淵碑文〉》：「久而彌新。」李周翰注：「彌，益也。」

〔三〕是以𦔻人

雍案：𦔻，式正切。「聖」之古字，聲也。耳，主聽也，聞聲以知情，稱善口簡曰「𦔻」。《白虎通德論・情性》：「口者心之候。」《鬼谷子・捭闔》：「口者，心之門户也。」又《權篇》：「故口者，機關也，所以開閉情意也。」聞聲知情，而主其聲情，乃𦔻也。《易・鼎》彖傳：「而大亨以養聖賢。」江藩《述補》：「賢之能者曰聖。聖，聲也。」《白虎通德論・聖人》：「聖者，通也，道也，聲也。道無所不通，明無所不照，聞聲知情，與天地合德、日月合明、四時合序、鬼神合吉凶。」《春秋繁露・官制象天》：「唯聖人者能之。」凌曙注引《風俗通義》曰：「聖者，聲也，言聞聲知情，故曰聖。」《逸周書・謚法解》：「稱善賦簡曰聖。」于省吾《甲骨文字釋林》云：「𦔻爲聽聞或聽治之聽。甲骨文稱：『方亡𦔻。』（後下三〇・一八）是説方國没有行動消息可聞。又：『𦔻方亡⿰女耳（聞）。』（續一・一三・五）『聽』與『聞』同義。」

第十一章

爲學者日益，聞道者日云〔一〕。云之有云〔二〕，以至於无〔爲，无爲則无不爲。將欲（據傅奕本補）〕取天下〔也〕，恒无事，及亓有事也，〔又不（據傅奕本補）〕足以取天〔下矣（據傅奕本補）〕。

〔一〕聞道者日云

雍案：云，王分切。古又通作「員」，聲轉假作「損」。《集韻·文韻》：「云，通作『員』。」《詩·大雅·雲漢》：「云我無所。」馬瑞辰《傳箋通釋》：「云，又通『員』。」《助字辨略》卷一：「云，又通『員』。《詩·國風》：『聊樂我員。』孔穎達疏云：『員音云，本亦作「云」。』《正字通》云：『《石鼓文》：「君子員獵員遊。」是也。』」《詩·商頌·玄鳥》：「景員維河。」鄭玄箋：「『員』古文作『云』。」孔穎達疏：「古文『云』『員』字同。」《説文·手部》《廣雅·釋詁二》：「損，減也。」《周髀算經》卷下之二：「氣損益九寸九分六分分之一。」趙君卿注：「損者，減也。」《易·

損》：「損有孚。」孔穎達疏：「損者，減損之名。」陸德明《釋文》：「損，虧減之義也。」《經籍纂詁補遺・阮韻》引《鬼谷子・陰符》：「反兑法靈蓍。」陶弘景注：「損者，謂減損他慮，專以心察也。」《玉篇・手部》：「損，減少也。」河上公注：「學謂政教禮樂之學也；日益者，情欲文飾，日以益多。道謂自然之道也；日損者，情欲文飾，日以消損。」《莊子・知北遊》：「禮者，道之華而亂之首也，故曰：『爲道者日損。』」

〔一一〕云之有云

雍案：有，尤救切。古「有」與「又」通用。《經傳釋詞》卷三：「『有，猶『又』也。」《古書疑義舉例・上下文同字異義例》：「《論語・公冶長篇》：『子路有聞，未之能行，惟恐有聞。』上『有』字乃有無之『有』，下『有』字亦『又』字也。」《讀書雜志・荀子第二・非相》：「曲直有以相縣矣。」王念孫按：「『有』與『又』同。」《墨子・大取》：「兼愛之有相若。」孫詒讓《閒詁》：「『有』與『又』通。」《經義述聞・易》：「遲有悔。」王引之按：「古字『有』與『又』通。」《管子・小問》：「今吾有欲王其可乎？」許維遹《集校》引宋翔鳳云：「有讀爲又。」《墨子・尚同中》：「有率其鄉萬民。」孫詒讓《閒詁》：「『有』讀爲『又』。」

第十二章

［耶（據傅奕本補）］人恒无心，以百省之心爲心〔一〕。善［者善之，不善者亦善之，德（據甲本參照傅奕本補）］善也。信者信之，不信者亦信之，德信也。耶人之在天下也，欲欲焉，［爲天下渾心。百（據甲本補）］生皆注亓耳目焉，耶人皆咳之〔二〕。

〔一〕**以百省之心爲心**

雍案：省，所景切。「眚」之假借字。《説文·眉部》朱駿聲《通訓定聲》：「省，叚借爲『眚』。」《群經平議·春秋左傳三》：「四姬有省猶可。」俞樾按：「省，當讀爲『眚』。『眚』之言『疾眚』也。」《九經古義·禮記下》：「『省』與『眚』通，眚，猶瘠也。」《爾雅·釋詁下》：「省，察也。」郝懿行《義疏》：「省，通作『眚』。」《群經平議·爾雅一》：「省，善也。」俞樾按：「省，通作『眚』。」《書·洪範》：「王省惟歲。」劉逢禄《今古文集解》：「省，《史記》作『眚』。馬同，古通。」

〔二〕耶人皆咳之

雍案：咳，户來切。《慧琳音義》卷四六「嬰咳」注：「咳，稚小也。」《玄應音義》卷九「嬰咳」注：「咳，古文『孩』，同。」《玄應音義》卷二「欬逆」注：「咳，謂『嬰兒』也。」王弼注本《老子》：「如嬰兒之未孩。」陸德明《釋文》：「咳，《説文》字本或作『孩』。」王弼注本《老子》：「聖人皆孩之。」陸德明《釋文》：「咳，本或作『孩』。」《顔氏家訓·教子》：「子生咳㖡。」盧文弨校：「咳㖡，一本作『孩㖡』。」

第十三章

［出（據傅奕本補）］生入死。生之［徒十有三〔一〕，死（據傅奕本補）］之徒十又三，而民生生，僮皆之死地之十有三〔二〕。［夫（據甲本補）］何故也？以亓生生。蓋聞善執生者，陵行不辟⿱罒豕虎，入軍不被兵革。⿱罒豕无［所椯亓角，虎无所昔（據甲本補）］亓蚤〔三〕，兵［无所容亓刃，夫何故（據傅奕本補）］也？以亓无［死地焉（據甲本補）］。

〔一〕生之［徒十有三］

雍案：徒，同都切。「塗」之假借字，又假借爲「涂」。《諸子平議·揚子太玄》：「或飫之徒。」俞樾按：「徒，蓋『塗』之叚字。」《説文·辵部》「辻」字朱駿聲《通訓定聲》：「徒，叚借爲涂。」《漢書·禮樂志》：「大朱涂廣。」顏師古注：「涂，道路也。」《玉篇·水部》：「涂，塗也。」《後漢書·班彪列傳上》：「脩涂飛閣。」李賢注：「涂，亦『塗』也，古字通用。」《説文·水部》段玉裁注：「古『道塗』『塗塈』字皆作『涂』。」《周禮·地官·遂人》：「遂上有徑，十夫有溝，溝上有畛，百夫有洫，洫上有涂，千夫有澮，澮上有道，萬夫有川，川上有路。」鄭玄注：「『徑』『畛』『涂』『道』『路』，皆所以通車徒於國都也。徑容牛馬，畛容大車，涂容乘車一軌，道容二軌，路容三軌。」

〔二〕僮皆之死地之十有三

雍案：僮（甲本作「勭」），徒揔切。「勭」之假借字，動也。《說文·力部》朱駿聲《通訓定聲》：「（動，）字亦作『勭』。」《慧琳音義》卷六「遷動」注：「李斯書《嶧山碑》，從『童』作『勭』。」《集韻·董韻》：「動，或作『勭』。」《經籍纂詁補遺·董韻》：「《婁壽碑》：『固不勭心。』『動』作『勭』。」

〔三〕亓蚤

雍案：蚤，子晧切。「爪」之假借字。《說文·玉部》：「璪，車蓋玉璪。」段玉裁注：「『璪』『蚤』『爪』三字一也。」《墨子·備城門》：「蚤長四寸。」孫詒讓《閒詁》：「『蚤』『爪』同。」《荀子·大略》：「爭利如蚤甲而喪其掌。」楊倞注：「『蚤』與『爪』同。」《莊子·秋水》：「鴟鵂夜撮蚤。」郭慶藩《集釋》：「『爪』『蚤』通用。」陸德明《釋文》：「蚤，崔本作『爪』。」《墨子·天志下》：「是以差論蚤牙之士。」孫詒讓《閒詁》：「『蚤』作『爪』。」《管子・地數》：「逃其蚤牙。」戴望《校正》：「《路史》引『蚤』作『爪』。」《周禮・考工記・輪人》：「欲其蚤之正也。」鄭玄注：「蚤，當爲『爪』，謂輻入牙中者也。」孫詒讓《正義》：「車輻大頭名股，『蚤』爲小頭，對股言之，與人手爪相類，故以『蚤』爲名。」

第十四章

道生之，德畜之，物刑之，而器成之。是以萬物尊道而貴德，道之尊也〔一〕，德之貴也，夫莫之爵也，而恒自然也。道生之，畜［之、長之、遂（據甲本補）］之、亭之〔二〕、毒之、養之、復［之。生而弗有，爲而弗寺〔三〕，長而（據傅奕本參照甲本補）］弗宰，是胃玄德。

〔一〕道之尊也

雍案：尊，祖昆切。「尊」古與「遵」通用。《諸子平議·墨子三》：「而君尊用之。」俞樾按：「尊，當爲『遵』，古字通也。」《群經平議·論語二》：「尊五美。」俞樾按：「尊，當讀爲『遵』，言遵行也。」《方言》卷十二：「尊，行也。」《春秋穀梁傳異文釋》：「《成（公）五年傳》：『伯尊由忠問焉。』《御覽》六百四十九引作『伯遵由悉問焉』。」

〔二〕亭之

雍案：亭，特丁切。古與「停」同。《史記·酷吏列傳》：「亭疑法。」裴駰《集解》引李奇曰：「亭，平也，均也。」《漢書·張湯傳》：「平亭疑法。」顏師古注：「亭，均也，調也。」《釋名·釋言語》：「停，定也。」畢沅《疏證》：「亭有亭止之義，即以爲亭止字。」《説文·高部》段玉裁注：「亭之引伸爲亭止，俗乃製『停』『渟』字。」

〔三〕爲而弗寺

雍案：寺，直之切。「持」之初文，今通作「持」。金文《邾公牼鍾》：「至於萬年，分器是寺。」《石鼓文·車工》：「弓兹以寺。」震鈞注：「寺，讀爲『持』。」《馬王堆漢墓帛書·十六經·成法》：「除民之所害，而寺民之所宜。」蓋「持」亦作「寺」也。

第十五章

天下有始，以爲天下母。既得亓母，以知亓子。既知亓子，復守亓母，没身不佁〔一〕。塞亓垙〔二〕，閉亓門，冬身不堇〔三〕；啟亓垙，齊亓［事，終身（據甲本補）］不棘，見小曰明，守［柔曰（據甲本補）］強，用［亓光，復歸亓明，毋（據甲本補）］遺身央，是胃［襲（據甲本補）］常。

〔一〕**没身不佁**

雍案：佁，「殆」之假借字。《説文・歺部》：「殆，危也。从歺，台聲。」《國語・晉語二》：「是故置之者不殆。」韋昭注：「殆，危也。」《資治通鑑・唐紀》：「豈不殆哉。」胡三省注：「殆，危也。」《玉篇・歺部》《廣韻・海韻》：「殆，危也。」

〔一二〕塞亓垁

雍案：垁，杜外切。穴土爲垁，「兑」乃「垁」之省，音同義通。假借爲「穴」「閲」「隧」。《説文·門部》段玉裁注：「兑，即『閲』之省。」又《儿部》段玉裁注：「兑，借爲『閲』字。『閲』同『穴』。」《諸子平議·老子》：「塞其兑。」俞樾按：「兑，當讀爲『穴』。」王弼注：「兑，事欲之所由生。」《札迻·〈老子〉王弼河上公注·五十二章》：「塞其兑。」孫詒讓按：「兑，當讀爲『隧』。」《文選·宋玉〈風賦〉》：「空穴來風。」李善注引《莊子》佚文：「空閲來風。」朱謙之《校釋》：「兑者，通之處。『兑』假借爲『閲』，實爲『穴』爲『竅』，耳目鼻口是也。《易·説卦》：『兑爲口。』《老子》：『塞其兑。』河上注：『兑，目也。』《莊子·德充符》：『通而不失於兑。』亦指耳目而言。《淮南·道應訓》：『太公曰塞民於兑。』高誘注：『兑，耳目鼻口也。《老子》曰：「塞其兑。」是也。』」《詩·大雅·緜》：「行道兑矣。」陳奂《傳疏》：「兑者，遂之假借字。遂，古隧通。」《札迻·〈韓非子〉某氏（尹知章）注·外儲説左第三十三》：「舉兵攻用兑而拔之。」孫詒讓按：「兑，讀爲『隧』，爲六遂也。」《國語·周語中》：「請隧焉。」韋昭注：「隧，六隧也。」

〔一三〕冬身不堇

雍案：冬，都宗切。古「終」字，「終」之初文。又通作「⿰歹冬」。竟也。盡也。極也。《玉篇·

歺部》：「𣧩，今作『終』。」《集韻・東韻》：「𣧩，通作『終』。」《爾雅・釋詁下》：「就，𣧩也。」陸德明《釋文》：「𣧩，本又作『終』。」《說文・仌部》段玉裁注：「『冬』之爲言『終』也。」桂馥《義證》引《三禮義宗》：「冬，終也。立冬之時，萬物終成。」《廣雅・釋詁四》《玉篇・冫部》：「冬，終也。」《管子・度地》：「『冬』讀爲『終』，古以『冬』爲『終』。」《釋名・釋天》：「冬，終也，物終成也。」《古經解鉤沉》卷十二引《禮記・月令》：「孟冬之月。」蔡邕《章句》：「冬，終也，萬物於是終也。」《詩・邶風・燕燕》：「終温且惠。」朱熹《集傳》：「終，竟也。」《詩・大雅・卷阿》：「俾爾彌爾性。」毛萇傳：「終，猶盡也。」《詩・周頌・噫嘻》：「終三十里。」陳奐《傳疏》：「終之爲言極也。」湖北《曾侯乙墓樂器銘辭》：「曾侯乙詐時用冬。」「終」作「冬」也。

堇，「勤」字之省，亦作「懃」，古與「廑」「謹」通。《說文・力部》：「勤，勞也。」段玉裁注：「慰其勤亦曰勤。」《爾雅・釋詁下》：「勞，勤也。」邢昺疏：「勤，皆謂勤勞也。」《論語・微子》：「四體不勤。」皇侃《義疏》：「勤，勤勞也。」《經義述聞・爾雅上・勞來強事謂勤也》王引之引王念孫曰：「勤，一爲勤勞之勤。」《集韻・欣韻》：「勤，通作『廑』。」《爾雅・釋詁上》：「勤，勞也。」郝懿行《義疏》：「（勤）通作『廑』。《漢書・文帝紀》云：『勤身從事。』《敘傳》云：『賈廑從旅。』《集注》竝云：『廑，古「勤」字。』《文選・長楊賦》云：『其廑至矣。』李善注引《古今字詁》曰：『廑，今勤字也。』」《春秋左傳異文釋》卷三：「《僖（公）九年傳》：『無勤於行。』《文選·三國名臣序贊》注：『勤作懃，懃，俗體。』」《廣雅·釋訓》：「懇懇，誠也。」王念孫《疏證》：「《漢書·司馬遷傳》：『意氣勤勤懇懇。』《文選》作：『懃懃懇懇。』」

第十六章

使我介有知，行於大道，唯他是畏。大道甚夷，民甚好僻〔一〕。朝甚除，田甚蕪，倉甚虛。服文采，帶利劍，猒食而齎財〔有餘，是胃（據傅奕本補）〕盜杅，〔盜盜夸（據傅奕本補）〕，非〔道（據傅奕本補）〕也。

〔一〕民甚好僻

雍案：僻（甲本作「解」，傳世本作「徑」），胡買切。行不由徑，詭曲而跡，邪也。僻，與「解」通。古音對轉爲「解」「徑」，與「邪」音義相同。《廣雅・釋詁三》：「解，迹也。」《爾雅・釋獸》：「麠，其跡，解。」《廣韻・卦韻》：「解，曲解。」《集韻・卦韻》：「解，解垢，詭曲之辭。」《廣雅・釋詁二》：「徑，衺也。」《淮南子・本經訓》：「接徑歷遠。」高誘注：「徑，行也。」《廣韻・麻韻》《淮南子・天文訓》：「六歲而一衺。」莊逵吉述引《太平御覽》注云：「衺，疾也。」《慧琳音義》卷六二「咼衺」注引《字書》云：「不正也。」《禮記・祭義》：「壹舉足而不敢忘父母，是故道而不徑。」鄭玄注：「徑，步邪趨疾也。」《焦氏筆乘》：「古井田之制，道路在溝洫之上，方直如棋枰，行必遵之，毋得斜冒取疾。野廬氏禁野之橫行徑踰者，修閭氏禁徑踰者，皆其證也。晚周此禁雖存，人往往棄蔑不守。」《論語·雍也》：「行不由徑。」鄭玄注：「春秋禁書雖存，而官失其職，道禁之不行久矣，子羽獨奉而行之，以爲先王之道存焉。」

第十七章

善建者［不拔，善抱者不脱（據王弼本補）。］子孫以祭祀不絶。脩之身，亓德乃真。脩之家，亓德有餘。脩之鄉，亓德乃長；脩之國，亓德乃夆〔一〕；脩之天下，亓德乃愽。以身觀身，以家觀［家，以鄉觀鄉，以邦觀（據甲本參照王弼本補）］國，以天下觀天下。吾何［以（據傅奕本補）］知天下之然兹，以［此（據傅奕本補）］。

〔一〕亓德乃夆

雍案：夆（王弼本、傅奕本、河上本作「丰」），符容切。丰，「豐」之假借字。《孔叢子·小爾雅·廣言》：「丰，豐也。」《詩·鄭風·丰》：「子之丰兮。」毛萇傳：「丰，豐滿也。」《廣雅·釋詁一》：「豐，滿也。」《文選·劉琨〈答盧諶詩〉》：「竿翠豐尋。」李善注引《説文》曰：「豐，滿也。」《元包經傳·仲陽》「豐者」李江注：「豐者，滿盈之道也。」《素問·五常政大論》：「其氣豐。」張志聰《集注》：「豐，盈充也。」《易·豐》：「豐，亨。」陸德明《釋文》鄭玄云：「豐之言腆，充滿意也。」《國語・周語上》：「艾人必豐。」韋昭注：「豐，厚也。」《文選・何晏〈景福殿賦〉》：「爾乃豐層覆之耽耽。」張銑注：「豐，厚也。」又《文選・陸雲〈大將軍讌會被命作詩〉》：「于禮斯豐。」吕向注：「豐，厚也。」

第十八章

含德之厚者，比於赤子。逢蠆蟲蛇弗赫，據鳥孟獸弗捕，骨筋弱柔而握固。未知牝牡之會而朘怒，精之至也。冬日號而不嚘〔一〕，和〔之至也。知和曰（據傅奕本補）〕常，知常曰明，益生〔曰（據傅奕本補）〕祥，心使氣曰強。物〔壯（據傅奕本補）〕則老，胃之不道，不道蚤已。

〔一〕冬日號而不嚘

雍案：冬，都宗切。古「終」字，「終」之初文。又通作「𣧩」。竟也。盡也。極也。《玉篇·歹部》：「𣧩，今作『終』。」《集韻·東韻》：「𣧩，通作『終』。」《爾雅·釋詁下》：「就，𣧩也。」陸德明《釋文》：「𣧩，本又作『終』。」《説文·夊部》段玉裁注：「『冬』之爲言『終』也。」桂馥《義證》引《三禮義宗》：「冬，終也。立冬之時，萬物終成。」《廣雅·釋詁四》《玉篇·冫部》：「冬，終也。」《管子·度地》：「『冬』讀爲『終』，古以『冬』爲『終』。」《釋名·釋天》：「冬，終也，物終成也。」《古經解鉤沉》卷十二引《禮記・月令》：「孟冬之月。」蔡邕《章句》：「冬，終也，萬物於是終也。」《詩・邶風・燕燕》：「終溫且惠。」朱熹《集傳》：「終，竟也。」《詩・大雅・卷阿》：「俾爾彌爾性。」毛萇傳：「終，猶盡也。」《詩・周頌・噫嘻》：「終三十里。」陳奂《傳疏》：「終之爲言極也。」湖北《曾侯乙墓樂器銘辭》：「曾侯乙詐時用冬。」「終」作「冬」也。

嚘（甲本爲「发」、傅奕本作「歠」），於求切。《集韻・尤韻》：「嚘，通作『歠』。」王弼注本《老子》：「終日號而不嗄。」陸德明《釋文》：「嗄，氣逆也。」成玄英疏：「言赤子終日啼號而聲不嘶嗄者，爲無心作聲，和氣不散也。」《莊子・庚桑楚》：「兒子終日嗥而嗌不嗄。」陸德明《釋文》：「嗄，本又作『嚘』。」「嗄，崔本作『喝』，云啞也。」又引司馬彪云：「楚人謂啼極無聲爲嗄。」

第十九章

知者弗言，言者弗知。塞亓垙，閉亓門，和亓光，同亓𪋻〔一〕，銼亓兑而解亓紛〔二〕，是胃玄同〔三〕。故不可得而親也，亦〔不可（據甲本補）〕得而〔疏，不可（據甲本補）〕得而〔害〕利，〔亦不可（據甲本補）〕得而害；不可得而貴，亦不可得而賤。故爲天下貴。

〔一〕同亓𪋻

雍案：𪋻，池鄰切。通作「塵」。《説文·麤部》：「𪋻，鹿行揚土也。从麤，从土。」段玉裁注：「𪋻，引伸爲凡揚土之偁。」《玉篇·麤部》：「𪋻，埃𪋻也。」「𪋻，今作『塵』。」塵俗之世，謂之「塵」也。蓋非謂埃塵。

〔二〕銼亓兑而解亓紛

雍案：兑，俞芮切。古通作「鋭」。《類篇·儿部》：「兑，鋭。」《管子·小匡》：「巧轉而兑利。」許維遹《集校》引顧廣圻云：「『兑』即『鋭』也。」《荀子·不苟》：「見由則兑而倨。」王先謙《集解》：「『兑』與『鋭』同。」又《議兵》：「兑則若莫邪之利鋒。」王先謙《集解》引郝懿行曰：「兑，與『鋭』同，荀書皆然，古字通也。」《晉書音義》：「兑，音『鋭』，本亦作『鋭』。」《廣雅·釋詁四》：「攙，鋭也。」王念孫《疏證》：「『鋭』『兑』古通用。」

〔三〕是胃玄同

雍案：胃，于貴切。「謂」之初文，古通作「謂」。《助字辨略》卷四：「《詩·國風》：『豈不夙夜，胃行多露。』《小雅》：『胃天蓋高，不敢不局。胃地蓋厚，不敢不蹐。』此二字，語辭，猶言曰也。」又曰：「《戰國策》：『胃齊王曰，王何不以地齎周最，以爲太子也。』愚案：『不知其人，直云胃者，猶言或謂也。』」《華嚴經音義》卷下：「知諸稱胃。」釋慧苑注引《漢書》：「胃者，稱也，事宜也。」

第二十章

以正之國，以畸用兵，以无事取天下，吾何以知亓然也才〔一〕？夫天下多忌諱，而民彌貧〔二〕；民多利器，［而邦家兹（據甲本補）］昏。［民多智慧，而奇物兹起。法（據乙本所存殘字，參考傅奕本、景龍本補）］物兹章，而盜賊［多有（據傅奕本補）］。是以［耶（據傅奕本補）］人之言曰：我无爲而民自化，我好靜而民自正〔三〕，我无事而民自富，我欲不欲而民自樸。

〔一〕吾何以知亓然也才

雍案：才（甲本作「𢦏」），昨哉切。「哉」之古字，與「哉」通用，讀曰「哉」。《經義述聞·書·亢才》：「《淮南·要略》：『雖未能抽引元妙之中才。』才，即『哉』字。」《書·泰誓》：「允哉。」孫星衍《今古文注疏》：「《大傳》引《書》作『亢才』。『才』與『哉』通。」《九經古義·毛詩下》：「『哉』與『才』通。《張平子碑》云：『往才，女諧。』」《經義述聞·書·亢才》：「『哉』

『才』古字通。《集韻》曰：『哉，古作「才」。』《唐書・麻志》載《大衍麻議》引《顧命》曰：『惟四月才生魄。』是其證也。」《三家詩異文疏證補遺・魯詩・絲衣》：「鼒鼎及哉！」馮登府按：「哉，與『才』通。」《義府・哉生明》：「古『哉』『才』二字本通用。」《詩・大雅・文王》：「陳錫哉周。」馬瑞辰《傳箋通釋》：「『哉』『才』，以同部叚借。」《爾雅・釋詁上》：「哉，始也。」郝懿行《義疏》：「哉，『才』之叚音。」邢昺疏：「哉者，古文作『才』。」《說文・才部》：「才，艸木之初也。」段玉裁注：「哉，即『才』。」《集韻・咍韻》：「哉，古作『才』。」

〔二〕而民⿰弓壐貧

雍案：⿰弓壐，武移切。與「⿰弓壐」同，「彌」之古字。簡作「弥」。益也。《說文・弓部》朱駿聲《通訓定聲》：「⿰弓壐，字亦作『⿰弓壐』、作『彌』。」《玉篇・弓部》：「⿰弓壐，同『彌』。」《集韻・支韻》：「彌，或作『弥』。」又引《說文》云：「彌，弛弓也。」《易・繫辭上》：「彌綸天地之道。」陸德明《釋文》：「彌，本又作『弥』。」《論語・子罕》：「仰之彌高。」邢昺疏：「彌，益也。」《孔叢子・小爾雅・廣詁》：「彌，益也。」《呂氏春秋・當染》：「從屬彌衆。」高誘注：「彌，益也。」《儀禮・士冠禮》：「三加彌尊。」鄭玄注：「彌，猶益也。」

〔三〕我好靜而民自正

雍案：靜，疾郢切。靜之異體。安寧也。守常也。《禮記·大學》：「定而後能靜。」朱熹《章句》：「靜，謂心不妄動。」《書·洪範》：「用靜吉，用作凶。」蔡沈《集傳》：「靜，謂守常。」《淮南子·本經訓》：「動則手足不靜。」高誘注：「靜，寧也。」

第二十一章

亓正閔閔〔一〕，亓民屯屯；亓正察察，亓［邦夬夬〔二〕。𥚃，福之所倚（據甲本補）；］福，［𥚃（據甲本補）］之所伏〔三〕，孰知亓極？［亓（據傅奕本補）］无正也。正［復爲奇（據傅奕本補）］善復爲［妖，人（據傅奕本補）］之悉也〔四〕，亓日固久矣。是以方而不割，兼而不刺，直而不紲，光而不眺。

〔一〕亓正閔閔

雍案：閔，亡運切。从糸，門聲。「紊」之假借字，同聲異文。文，交錯也。絲交錯，故謂亂也。《說文·門部》：「門，聞也。」《易·晉》：「晉如愁如。」王弼注：「聞乎幽昧。」陸德明《釋文》：「聞，亦作文。」《說文·糸部》：「紊，亂也。从糸，文聲。」《玉篇·糸部》《廣韻·問韻》《集韻·文韻》：「紊，亂也。」《字詁·理》：「凡言文理者，交錯曰文，條遂曰理。」《書·盤庚上》：「有條而不紊。」孔安國傳：「紊，亂也。」孔穎達疏：「紊是亂絲，故爲亂也。」《文選·任昉

〈王文憲集序〉》：「禮紊舊宗。」李周翰注：「紊，亂也。」又《文選·陸機〈辯亡論〉》：「皇綱弛紊。」李善注：「紊，亂也。」

〔二〕亓［邦夬夬］

雍案：夬（傳世各本皆作「缺」），苦穴切。「缺」之省文，讀曰「缺」，古多有書「缺」爲「夬」者。《釋名·釋言語》：「夬，决也，有所破壞，决裂之於終始也。」《説文·缶部》《集韻·屑韻》：「缺，破也。」《孟子·滕文公下》：「咸以正無缺。」朱熹《集注》：「缺，壞也。」《文選·王儉〈褚淵碑文〉》：「梁陰載缺。」吕向注：「缺，壞也。」蓋古「夬」字與「缺」義相通也。《睡虎地秦墓竹簡·秦律十八種·置吏律》：「其有死亡及故有夬者，爲補之，毋須時。」王弼注：「言善治政者，無形無名，無事無政可舉。悶悶然卒至於大治，故曰其政悶悶也。其民無所爭競，寬大淳淳，故曰其民淳淳也。立刑名，明賞罰，以檢奸僞，故曰察察也。殊類分析，民懷爭競，故曰其民缺缺。」

〔三〕［⁢懖］之所伏

雍案：懖，胡果切。从旡，从心，咼聲。「禍」之古字，又作「旤」「猧」。害也。患也。《玉篇·旡部》：「猧，神不福也。」《説文·旡部》段玉裁注：「《史記》《漢書》多假猧爲禍。」《漢書·

賈誼傳》：「殃𣧞之變，未知所移。」顏師古注：「𣧞，古禍字。」又《五行志》：『數其𣧞福。』顏師古注：「𣧞，古文『禍』字。」《荀子·仲尼》：「猶恐及其『𣧞』。」楊倞注：「『𣧞』與『禍』同。」柳宗元《答問》：「卒自𣧞賊。」蔣之翹輯注：「『𣧞』與『禍』字同。」《集韻·果韻》：「禍，古作『𣧞』，通作『禍』。」《莊子·秋水》：「寧於禍福。」成玄英疏：「禍，窮塞也。」《孝經·中庸》：「禍福將至。」孔穎達疏：「禍，謂妖孽。」《孝經·孝治》：「禍亂不作。」邢昺疏引皇侃云：「善則逢殃爲禍。」《荀子·天論》：「逆其類者謂之禍。」《論衡·累害》：「來不由我，故謂之禍。」《史記·屈原賈生列傳》：「禍兮福所倚。」司馬貞《索隱》：「『禍』字古『旤』。」《左傳·成公十三年》：「不能者敗以取禍。」李富孫《異文釋》：「漢律曆志作『旤』。」

〔四〕正〔復爲奇〕善復爲〔妖，人〕之𢘅也

雍案：𢘅，莫兮切。从忄，米聲。心迷惑也。「𢗖」之異構，古與「迷」通，音義相同。《集韻·齊韻》：「𢗖，心惑也。」《管子·勢》：「此謂迷中。」尹知章注：「迷中，言在迷惑之中。」《書·大禹謨》：「昏迷不恭。」蔡沈《集傳》：「迷，惑也。」《楚辭·九章·惜誦》：「迷不知寵之門。」王逸注：「迷，惑也。」《文選·張衡〈思玄賦〉》：「何迷故而不忘。」舊注：「迷，惑也。」又《文選·丘遲〈與陳伯之書〉》：「沈迷猖獗。」李周翰注：「迷，惑也。」

第二十二章

治人事天，莫若嗇。夫唯嗇，是以蚤服，蚤服是胃重積［德（據傅奕本補）］。重［積德則无不克，无不克則（據傅奕本補）］莫知亓［極（據傅奕本補）］，莫知亓［極，可以（據傅奕本補）］有國，有國之母可［以長（據甲本補）］久。是胃［深（據甲本補）］根固氐〔一〕，長生久視之道也。

〔一〕［深］根固氐

雍案：氐，典禮切。「柢」之省文，通作「柢」。本也。《說文·氐部》朱駿聲《通訓定聲》：「『氐』字實即『柢』之古文。」《慧琳音義》卷八〇「氐羌」注：「氐，或作『柢』。」《爾雅·釋言》：「柢，本也。」郝懿行《義疏》：「柢，又通作『氐』。」《說文·木部》段玉裁注：「柢，又借『氐』字爲之。」《莊子·天下》：「此其柢也。」郭慶藩《集釋》引俞樾曰：「『柢』與『氐』通。」

第二十三章

治大國，若亨小鮮〔一〕。以道立天下，亓鬼不神。非亓鬼不神也，亓神不傷人也。非亓神不傷人也，［耶人亦（據甲本補）］弗傷也。夫兩［不（據甲本補）］相傷，故德交歸焉。

〔一〕若亨小鮮

雍案：亨，撫庚切。古「享」字，亦作「烹」，又作「亯」，假借爲「享」。煮也。《説文·亯部》「亯」字段玉裁注：「薦神作『亨』，亦作『享』。」又曰：「飪物作『亨』，亦作『烹』。」《廣韻·庚韻》：「亨，俗作『烹』。」《别雅》卷三：「『亨』『享』本一字。」《爾雅·釋詁下》：「享，獻也。」郝懿行《箋疏》：「古多以『亨』爲『享』。」《晏子春秋·内篇·諫下》：「而公不得亨也。」孫星衍《音義》：「亨，一本作『享』。亨，即『享』字。」《左傳·昭公四年》：「夏啓有鈞臺之享。」洪亮吉詁：「惠棟曰：『《魏大饗碑》，夏啓均臺之亨。』亨，古享字。」《經義述聞·左傳下·亨神人》：「『亨』爲古『享』字。《大有》九三：『公用亨于天子。』《隨》上六：『王用亨于西山。』《升》六四：『王用亨于岐山。』皆古『享』字。」《易・隨》：「王用亨于西山。」李富孫《異文釋》：「古『亨通』之『亨』，『享獻』之『享』，『烹飪』之『烹』皆祇作『亨』字。」《詩・召南・采蘋》：「于以湘之。」毛萇傳：「湘，亨也。」陸德明《釋文》：「亨，本又作『烹』。」《春秋繁露・三代改制質文》：「祭禮先亨。」凌曙注引盧文弨注：「亨，古『烹』字。」《資治通鑑・漢紀》：「亨醢分裂。」胡三省注：「亨，與『烹』同。」又《漢紀》：「鶩而亨之。」胡三省注：「亨，讀作『烹』。」《易・鼎》彖傳：「亨飪也。」陸德明《釋文》：「亨，本又作『亯』。」《方言》卷七：「亨，熟也。」戴震《疏證》：「亨，亦作『亯』。」

第二十四章

大國［者，下流也，天下之（據甲本補）］牝也。天下之交也，牝恒以靜朕牡〔一〕。爲亓靜也，故宜爲下也。故大國以下［小（據甲本補）］國，則取小國。小國以下大國，則取於大國。故或下［以取，或（據甲本補）］下而取。故大國者不［過（據甲本補）］欲并畜人，小國不［過（據甲本補）］欲入事人。夫［皆得（據甲本補）］亓欲，則大者宜爲下。

〔一〕**牝恒以靜朕牡**

雍案：朕（帛書乙本墨迹朕作「朕」），直稔切。《字彙》：「朕，《説文》『朕』字。」《説文·人部》：「倂，送也。从人，灷聲。」徐鉉曰：「灷，不成字，當从『朕』省。案：『勝』字从『朕』聲，疑古者『朕』或音『佚』，以證切。」灷，即关也。楊樹達《積微居甲文説》卷下云：「朕與㑹同。」《説文·舟部》朱駿聲《通訓定聲》：「朕，借爲『倂』。」

第二十五章

道者，萬物之注也，善人之瑑也〔一〕，不善人之所保也。美言可以市，尊行可以賀人。人之不善，何［棄之有？故（據甲本參照王弼本補）］立天子，置三鄉，雖有共之璧以先四馬，不若坐而進此。古［之所以貴爲此者，何也（據傅奕本補）？］不胃求以得，有罪以免與？故爲天下貴。

〔一〕善人之瑑也

雍案：瑑，博抱切。「寶」之通假字，又作「保」，古多假借爲「葆」，又通作「宷」「宲」。《説文・宀部》徐鍇《繫傳》：「寶，人所保也。」段玉裁注：「《史記》多假『葆』爲『寶』。」朱駿聲《通訓定聲》：「寶，叚借爲『宲』。」《尹文子・大道上》：「不善人之所寶。」錢熙祚校：「《老子》『寶』作『保』。二字古通。」《史記・留侯世家》：「取而葆祠之。」裴駰《集解》引徐廣曰：「《史記》『珍寶』字皆作『葆』。」《諸子平議・商子》：「冬陳其寶。」俞樾按：「『寶』當作『葆』，皆同聲叚借字。」《玄應音義》卷一七「羽寶」注：「寶，宜作『葆』，謂合聚五色羽名爲葆也。」《書·金縢》：「無墜天之降寶命。」劉逢禄《今古文集解》：「《史記》『寶』作『葆』。」《禮記·禮器》：「家不寶龜。」朱彬《訓纂》：「宲與寶古字通。」《爾雅·釋言》：「琛，寶也。」郝懿行《義疏》：「寶，又通作『宲』。」《書·顧命下》：「陳寶」孫星衍《今古文注疏》：「寶，《説文》作『宲』。」《廣雅·釋詁四》：「宲，藏也。」王念孫《疏證》：「宲，『保』『寶』並通。」《尹文子·大道上》：「不善人之所寶。」錢熙祚校：「《老子》『寶』作『保』。」

第二十六章

爲无爲，［事无事，味无未。大小多少，報怨以德。圖難乎亓易也，爲大（乙本所闕，依甲本補，甲本亦闕之字參照《韓非子·喻老》補）］乎亓細也。天下之［難作於（據甲本補）］易，天下之大［作於細。是以耶人冬不爲大，故能成亓大（據甲本參照傅奕本補）］。夫輕若［必寡（據傅奕本補）］信，多易必多難。是以耶人［猷難（據甲本補）］之〔一〕，故［冬於无難（據甲本補）］。

〔一〕是以耶人［猷難］之

雍案：猷，以周切。古與「猶」通用。《爾雅·釋言》：「猷，可也。」郝懿行《義疏》：「『猷』與『猶』通。」《經籍纂詁·尤韻》：「《袁良碑》：『其儉猷稱。』『猶』作『猷』。」《書·秦誓》：「尚猷詢茲黃髮。」劉逢禄《今古文集解》：「《漢書·韋賢傳》注引『猷』作『猶』。」馮登府《三家詩異文疏證》卷一：「（《韓詩·小旻》：）『謀猷回泬。』毛作『猶』。」《爾雅·釋詁》：「猷，道也。」陸德明《釋文》：「字亦從犭。」《説文·犬部》王筠《句讀》：「『猷』『猶』一字。凡『謀猷』字，《尚書》作『猷』，《毛詩》作『猶』。」《詩·小雅·斯干》：「無相猶矣。」馬瑞辰《傳箋通釋》：「『猶』『猷』古通用。」《詩·召南·小星》：「寔命不猶。」李富孫《異文釋》：「蓋『猶』『猷』古今字，後人但移犬旁於右爾，今經傳多分爲二義。」

第二十七章

〔亓安也，易持也；亓未兆也，易謀也；亓脆也，易判也；亓微也，易散也；爲之乎，亓未有也；治之乎，亓未乢也。合裦之（據甲本參照傅奕本補）〕木〔一〕，作於毫末；九成之臺，作於虆土〔二〕；百千之高，始於足下。爲之者敗之，執者失之，是以耶人无爲〔也，故无敗也；无執也，故无失也（據甲本參照傅奕本補）〕。民之從事也，恒於亓成而敗之，故曰愼冬若始，則无敗事矣。是以耶人，欲不欲，而不貴難得之貨；學不學，復衆人之所過；能輔萬物之自然而弗敢爲。

〔一〕〔**合裦之**〕**木**

雍案：裦，薄報切。與「抱」音義相同。《說文·衣部》：「裦，褱也。从衣，包聲。」徐鍇《繫傳》：「裦，俗言褱裦也。」王筠《句讀》：「裦，經典借懷抱爲之。」又《說文·衣部》：「裾，衣裦也。」段玉裁注：「褱物謂之裦，因之衣前裣謂之裦。」《集韻·晧韻》：「裦，或作『抱』。」《玉篇・衣部》：「褏，衣前袷也。」《廣韻・号韻》：「褏，衣前襟。」《方言》卷四：「襌衣有褏者，趙魏之閒謂之袏衣。」戴震《疏證》：「褏，亦作『袍』。」

〔二〕作於⿱竹纍土

雍案：⿱竹纍，力追切。與「虆」「蔂」同。《詩・大雅・緜》：「捄之陾陾。」毛萇傳：「捄，虆也。」孔穎達疏：「虆者，盛土之器。」陸德明《釋文》：「虆，字或作『摞』，或作『蘲』。」《集韻・脂韻》：「虆，或作『藟』『蘽』『莱』，通作『纍』。」《孟子・滕文公上》：「蓋歸反虆梩而掩之。」趙岐注：「虆梩，籠臿之屬，可以取土者也。」朱熹《集注》：「虆，土籠也。」《讀書雜志・淮南內篇第二十一・要略》：「禹身執虆垂。」王念孫按：「虆，謂盛土籠也。」

第二十八章

古之爲道者，非以明［民也，將以愚（據甲本補）］之也。夫民之難治也，以亓知也。故以知知國，國之賊也；以不知知國，國之德也。恒知此兩者，亦稽式也。恒知稽式，是胃玄德。玄德深矣，遠矣。［與（據甲本補）］物反也，乃至大順。

第二十九章

江海所以能爲百浴［王者〔一〕，以（據甲本補）］亓［善（據甲本補）］下之也。是以能爲百浴王。是以耶人之欲上民也，必以亓言下之；亓欲先民也，必以亓身後之。故居上而民弗重也，居前而民弗害，天下皆樂誰而弗猒也〔二〕。不［以（據甲本補）］亓无爭與？故天下莫能與爭。

〔一〕江海所以能爲百浴［王者］

雍案：浴，古禄切。谷也。《大戴禮記·誥志》：「川浴不處。」王聘珍《解詁》：「浴，讀曰『谷』。」《説文·水部》朱駿聲《通訓定聲》：「浴，叚借爲『谷』。」《山海經·西山經》：「濁浴之水出焉。」郝懿行《箋疏》：「《太平御覽》八百八卷、九百十三卷並引此經『浴』作『谷』。」《廣雅·釋詁一》：「穀，養也。」王念孫《疏證》：「《爾雅》：『東風謂之谷風。』孫炎注云：『谷風者，生長之風。』義與『穀』同也。」又云：「《老子》：『谷神不死。』河上本作『浴』，注云：『浴，養也。』」『浴』與『谷』古聲義亦同。」

〔二〕天下皆樂誰而弗猒也

雍案：猒，於豔切。與「厭」古相通用。足也。《説文·甘部》段玉裁注：「『猒』『厭』古今字。」桂馥《義證》：「猒，通作『厭』。」《方言》卷六：「厭，安也。」戴震《疏證》：「『猒』『厭』古通用。」《詩·周南·葛覃》：「服之無斁。」毛萇傳：「斁，猒也。」陸德明《釋文》：「（猒）本亦作『厭』。」《左傳·昭公二十六年》：「伩欲無猒。」陸德明《釋文》：「（猒）本又作『厭』。」《方言》卷十三：「抑，安也。」錢繹《箋疏》：「『猒』『厭』『懕』古字並通。」《玉篇·甘部》、《玄應音義》卷一〇「猒惡」注：「猒，足也。」《大戴禮記·用兵》：「蚩尤惛慾而無猒者也。」孔廣森《補注》：「猒，足也。」《荀子·儒效》：「猒猒兮其能長久也。」楊倞注：「猒，足也。」

第三十章

小國寡民，使有十百人器而勿用，使民重死而遠徙。又周車无所乘之〔一〕，有甲兵无所陳之。使民復結繩而用之。甘亓食，美亓服，樂亓俗，安亓居。叕國相望〔二〕，雞犬之［聲相（據甲本補）］聞，民至老死不相往來。

〔一〕**又周車无所乘之**

雍案：周（甲本「周車」作「車周」），職流切。古文作「匊」，或省作「舟」，與「舟」音義相通。《說文·舟部》朱駿聲《通訓定聲》：「舟，叚借爲『匊』。」《詩·大雅·公劉》：「何以舟之？」段玉裁《故訓傳》：「舟即『匊』之叚借，故訓爲帶。」馬瑞辰《傳箋通釋》：「舟者，『匊』之叚借。」王先謙《三家義集疏》：「『舟』『周』古通。」《釋名·釋船》：「船，又曰『舟』，言周流也。」王先謙《疏證》補引王啓原曰：「古書『舟』『周』亦互通。」《爾雅·釋言》：「舫，舟也。」郝懿行《義疏》：「舟，通作『周』。」《方言》卷九：「舟，自關而西謂之船。」錢繹《箋疏》：

「『舟』『周』古通字。」《左傳・昭公十三年》：「棄疾使周走而呼。」洪亮吉詁：「古文『舟』『周』通。」《周禮・考工記・序》：「作舟以行水。」鄭玄注引鄭司農云：「周，當作『舟』。」《左傳・襄公二十三年》：「華周對曰。」李富孫《異文釋》：「《說苑》作『舟』。」

〔二〕⿱吅又國相望

雍案：⿱吅又（傳世本作「鄰」），力珍切。「鄰」之古字。《中山王譽鼎》銘文：「⿱吅又邦難親。」《說文古籀補》：「吅，古匋。吳愙齋曰：『古《老子》鄰作「吅」。』」《經籍纂詁・真韻》：「《孫根碑》：『至於東吅大虐戕仁。』《衡立碑》：『宣享難老彭祖爲吅。』『鄰』作『吅』。」

第三十一章

信言不美，美言不信。知者不博，博者不知。善者不多，多者不善。耶人无積，既以爲人，己俞有；既以予人矣，己俞多。故无之道利而不害，人之道爲而弗爭。

第三十二章

天下［皆（據傅奕本補）］胃我大，大而不宵〔一〕。夫唯不宵，故能大。若宵，久矣亓細也夫。我恒有三琛〔二〕，市而琛之〔三〕，一曰兹〔四〕，二曰檢，三曰不敢爲天下先。夫兹，故能勇；檢，敢能廣；不敢爲天下先，故能爲成器長。［今（據甲本補）］舍亓慈，且勇；舍亓檢，且廣；舍亓後，且先，則死矣。夫兹，以單則朕，以守則固，天將建之，如以兹垣之。

〔一〕大而不宵

雍案：宵，相邀切。「肖」之假借字也。《説文・宀部》朱駿聲《通訓定聲》：「宵，叚借爲『肖』。」《太玄・格》：「格内善，中不肖也。」司馬光《集注》引宋衷曰：「宵，類也。」《漢書・刑法志》：「夫人宵天地之貇。」顔師古注：「宵，義與『肖』同。」又引應劭曰：「宵，類也。」《淮南子・要略》：「浸想宵類。」高誘注：「宵，物似也。」《莊子・列御寇》：「達於知者肖。」郭慶藩

《集釋》引《方言》：「肖，小也。」《方言》卷十二、《廣雅・釋詁二》、《廣韻・笑韻》：「肖，小也。」《禮記・學記》：「宵雅肄三。」陸德明《釋文》：「宵，小也。」鄭玄注：「宵之言小也。」孔穎達疏：「宵音近小，故讀從小。」《文選・左思〈魏都賦〉》：「宵貌蕞陋。」劉良注：「宵，小也。」王元澤《老子注》：「肖者，有所似。道爲萬物祖，故體道者，物將似我，我豈似物乎？蓋有所似，則是象彼，則彼大而我小矣。」

〔二〕我恒有三琛

雍案：琛，博抱切。與「保」「葆」古相通，寶也。《戰國策・秦策四》：「齊魏得地葆利。」鮑彪注：「『葆』『保』同。」《墨子・明鬼下》：「予非爾田野葆士之欲也。」孫詒讓《閒詁》引孫炎云：「葆，同『保』。」《逸周書・大武解》：「冬凍其葆。」朱右曾《集訓校釋》：「葆，與『保』同。」《春秋繁露・王道》：「誅受令，恩衛葆。」凌曙注：「葆，與『寶』同。」《史記・樂書》：「天子之葆龜也。」司馬貞《索隱》：「葆，與『寶』同。」《素問・徵四失論》：「從容之葆。」張志聰《集注》：「『葆』『寶』同。」《管子・地員》：「無高下葆澤以處。」許維遹《集校》引王紹蘭云：「『葆』即『保』之借字。」《墨子・非攻中》：「而葆之會稽。」孫詒讓《閒詁》：「『葆』『保』字通。」《史記・留侯世家》：「取而葆祠之。」裴駰《集解》引徐廣曰：「《史記》『珍寶』字皆作

『葆』。」

〔三〕市而㻛之

雍案：市，時止切。恃也，與「恃」同聲通假。《説文·冂部》朱駿聲《通訓定聲》：「市，恃也。」《詩·陳風·東門之枌》：「歌舞於市井。」孔穎達疏引應劭《風俗通義》：「市，恃也，養贍老少，恃以不匱也。」《春秋繁露·求雨》：「無得行入市。」凌曙注引《風俗通義》同上。《初學記·居處部·市》引《風俗通義》：「市，恃也，言交易而退，恃以不匱也。」

〔四〕一曰兹

雍案：兹，子之切。古與「慈」義同。李富孫《春秋左傳異文釋》卷三：「《僖（公）四年經》：『公孫兹。』《公羊》作『公孫慈』。《僖（公）十六年經》：『公孫兹卒。』《公羊》作『慈』。《（僖）廿三年經》：『宋公兹父卒。』《公羊》作『慈父』。《襄（公）十年傳》：『秦丕兹事仲尼。』《家語·弟子解》：『秦商，魯人，字不慈。』」《公羊傳·僖公四年》：「公孫慈。」陸德明《釋文》：「《左氏》作『兹』。」又《僖公二十三年》「慈父」陸德明《釋文》：「《左氏》作『兹』。」

第三十三章

故善爲士者不武，善單者不怒，善朕敵者弗與，善用人者爲之下，是胃不爭［之（據甲本補）］德。是胃用人，是胃肥天〔一〕，古之極也。

〔一〕**是胃肥天**

雍案：肥（傳世本皆作「配」），滂佩切。古「配」字，配享天也。从肉，以俎侑也。己，於甲骨文中乃祭名。配天，謂祭祀也。《國語·晉語四》：「是謂天地配享。」韋昭注：「陽下陰升，故曰配亨。」《書·吕刑上》：「配享在下。」孫星衍《今古文注疏》：「『配』謂配天。」《資治通鑑·晉紀》：「選隴西賈陵等十二人配之。」胡三省注：「配，侑也。」

第三十四章

用兵又言曰，吾不敢爲主而爲客，不敢進寸而退尺。是胃行无行，攘无臂，執无兵，乃无敵。禍莫大於无敵，无敵近亡吾琛矣。故抗兵相若，而依者朕［矣（據甲本補）］〔一〕。

〔一〕**而依者朕［矣］**

雍案：依，於希切。音轉爲「愛」，「愛」「哀」聲近，義亦相通。《詩·周頌·載芟》：「有依其士。」朱熹《集傳》：「依，愛。」鄭玄箋：「依之言『愛』也。」《方言》卷一：「憐，哀也。」錢繹《箋疏》：「『愛』與『哀』聲近，義亦相通。」《讀書雜志·漢書第十四·游俠傳》：「《管子·形勢解》：『見愛之交，幾於不結。』《形勢篇》『愛』作『哀』。」《讀書雜志·管子第一·形勢》：「見哀之役。」王念孫按：「『哀』與『愛』古字通。」《管子·形勢》：「見哀之役。」許維遹《集校》引王念孫云：「後解作見愛之役。」

第三十五章

吾言易知也，易行也。而天下莫之能知也，莫之能行也。夫言又宗，事又君。夫唯无知也，是以不我知。知（我）者希，則我貴矣。是以耶人被褐而褱玉〔一〕。

〔一〕是以耶人被褐而褱玉

雍案：褱，户乖切。古同「懷」，又同「褢」。《説文·衣部》段玉裁注：「褱，褱藏之義也。在衣曰『褱』，在手曰『握』。」《小學蒐佚·倉頡篇》：「褱，抱也。」《廣韻·皆韻》：「褱，歸也。」《釋名·釋衣服》：「袪，虚也。」王先謙《疏證補》：「褱者，褎也。」《玉篇·衣部》：「褱，同褢。」《漢書·地理志上》「褱德」顔師古注：「褱亦懷字。」《楚辭·九辯》：「鳥獸猶知褱德兮。」朱熹《集注》：「褱，一作『懷』。」

第三十六章

知不知，尚矣。不知知，病矣。是以耶人之不［病（據甲本補）］也，以亓病病也，是以不病。

第三十七章

民之不畏畏，則大畏將至矣。毋伊亓所居〔一〕，毋猒亓所生。夫唯弗猒，是以不毋猒。是以耶人自知而不自見也；自愛而不自貴也，故去罷而取此。

〔一〕毋伊亓所居

雍案：伊，胡甲切。字作「甲」，又作「狎」。《說文·甲部》：「𠇚，古文『甲』，始於十，見於千，成於木之象。」《爾雅·釋言》《廣韻·狎韻》：「甲，狎也。」《書·多方》：「因甲于內亂。」孔穎達疏：「鄭、王皆以『甲』爲『狎』。」江聲《集注音疏》：「甲，讀爲『狎』。」《詩·衛風·芄蘭》：「能不我甲。」馬瑞辰《傳箋通釋》：「甲，又『狎』之段借也。」《説文·犬部》段玉裁注：「狎，古叚『甲』爲之。」《爾雅·釋詁下》：「狎，習也。」郝懿行《箋疏》：「狎，通作『甲』。《詩》：『能不我甲。』《釋文》：甲，《韓詩》作『狎』。《書》：『因甲于內亂。』《正義》引鄭、王皆以『甲』爲『狎』。」馮登府《三家詩異文疏證》卷一：「（《韓詩·芄蘭》：）『能不我狎。』毛作『甲』。」

第三十八章

勇於敢則殺，勇於不敢則栝〔一〕，「此（據傅奕本補）」兩者或利或害。天之所亞，孰知亓故。天之道，不單而善朕〔二〕，不言而善應，弗召而自來，單而善謀〔三〕，天罔恢恢〔四〕，疏而不失。

〔一〕**勇於不敢則栝**

雍案：栝（帛書乙本僅存右半「舌」之上半部，甲本作「栝」），户括切。「活」之假借字。《說文·水部》段玉裁注：「活，引伸爲凡不死之稱。」《集韻·末韻》：「活，生也。」《廣韻·末韻》：「活，不死也。」《詩·邶風·擊鼓》：「不我活兮。」朱熹《集傳》：「活，生也。」馬瑞辰《傳箋通釋》：「活，當讀爲曷其有『佸』之『佸』。」《詩·周頌·載芟》：「實函斯活。」鄭玄箋：「活，生也。」《楚辭·天問》：「化爲黄熊，巫何活焉？」王逸注：「活，生也。」

〔二〕不單而善朕

雍案：單，之善切。「戰」字省文。爭也。陣也。《太玄·中》：「次二，神戰于玄。」范望注：「陰陽爭爲戰。」《韓非子·解老》：「慈於戰則勝。」王先慎《集解》引顧廣圻曰：「傅本作『陣』。」朕，與「勝」通用。《諸子平議·莊子一》：「吾鄉示之以太沖莫勝。」俞樾按：「勝，讀爲『朕』。『勝』本從『朕』聲。故得通用。」

〔三〕單而善謀

雍案：單（甲本作「彈」、河上本作「墠」、王弼本作「繟」，傅奕本作「默然」），齒善切。寬也。緩也。《集韻·寒韻》：「墠，寬也。」《老子》：「坦然而善謀。」陸德明《釋文》：「墠，寬也。」《集韻·獮韻》：「墠，通作『繟』。」《廣雅·釋詁二》《集韻·緩韻》《集韻·綫韻》：「繟，緩也。」王弼注本《老子》：「繟然而善謀。」河上公注：「繟，寬也。」

〔四〕天罔秷秷

雍案：罔，文兩切。通作「网」。又與「冈」「網」同。《玉篇·网部》《廣韻·養韻》：「罔，同『网』。」李富孫《易經異文釋》卷六：「而爲罔罟。《繫傳》引作『网』。」《廣雅・釋器》：「『罔』謂之罟。」王念孫《疏證》：「罔，《説文》作『网』。」《論語・爲政》：「學而不思則罔。」陸德明《釋文》：「本又作『冈』。」《禮記・少儀》：「其名爲罔。」陸德明《釋文》：「本亦作『冈』。」《楚辭・九歌・湘夫人》：「罔薜荔兮爲帷。」朱熹《集注》：「罔，與『網』同。」《資治通鑑・漢紀》：「張羅罔罝罘。」胡三省注：「『罔』與『網』同，古字通用。」《莊子・胠篋》：「鉤餌罔罟罾笱之知多。」郭慶藩《集釋》引盧文弨曰：「今本『罔』作『網』。」

　　侄，苦回切。音義同「恢」。侄侄，王弼本、河上本、傅奕本、景龍本作「恢恢」，河上公注：「甚大。」侄，與「経」通。《説文・多部》：「経，大也。」段玉裁注：「與『恢』音義皆同。」《玉篇・多部》：「経経並訓大。」《文選・歐陽建〈臨終詩〉》：「恢恢六合間。」吕延濟注：「恢恢，廣大皃。」

第三十九章

若民恒且不畏死，若何以殺曜之也〔一〕？使民恒且畏死，而爲畸者，「吾（據甲本補）」得而殺之，夫孰敢矣？若民恒且必畏死，則恒又司殺者。夫代司殺者殺，是代大匠斲。夫代大匠斲，則希不傷亓手。

〔一〕**若何以殺曜之也**

雍案：曜（甲本作「愳」），其遇切。讀爲瞿。假借爲「瞿」「𥄎」，通作「戄」。《説文·心部》：「懼，恐也。愳古文。」朱駿聲《通訓定聲》：「懼，叚借爲『𥄎』。」《集韻·虞韻》：「懼，古作愳。」《廿二史考異·史記五·孟子荀卿列傳》：「懼然顧化。」錢大昕按：「懼即瞿字。」《漢書·惠帝紀〈贊〉》：「聞叔孫通之諫則懼然。」顔師古注：「懼，讀曰瞿。」又《賈鄒枚路傳》：「長君懼然曰。」顔師古注：「懼，讀曰瞿。」《莊子·天運》：「吾始聞之懼。」陸德明《釋文》：「懼，本作愯。」又《庚桑楚》：「南榮趎懼然顧其後。」陸德明《釋文》：「懼，本作愯。」《爾雅·釋詁上》：「戰，懼也。」郝懿行《義疏》：「懼，通作愯。」《方言》卷十三：「懼，病也。」錢繹《箋疏》：「懼，通作愯。」

第四十章

人之饑也，以亓取食跷之多〔一〕，是以饑。百生之不治也〔二〕，以亓上之有以爲也，［是（據甲本補）］以不治。民之輕死也，以亓求生之厚也，是以輕死。夫唯无以生爲者，是賢貴生。

〔一〕以亓取食跷之多

雍案：跷（帛書甲本爲「逆」字，乙本作「跷」。从辵，或从足，兑聲），徐醉切。初文爲「兑」。「遂」，「隧」之假借字。《詩·大雅·緜》：「行道兑矣。」毛萇傳：「兑，成蹊也。」朱熹《集傳》：「兑，通也。」陳奐《傳疏》：「『兑』者，『遂』之叚借字。遂，古『隧』字。」《説文·儿部》朱駿聲《通訓定聲》：「兑，叚借又爲『達』。」《札迻·〈韓非子〉某氏（尹知章）注·外儲説左第三十三》：「舉兵攻用兑而拔之。」孫詒讓按：「兑，讀爲『隧』，爲『六遂』也。」《讀書雜志·

晏子春秋第一・内篇・問上》：「兹於兑。」王念孫按：「兑，讀爲『隧』。」《札迻・〈老子〉王弼河上公注・五十二章》：「塞其兑。」孫詒讓按：「兑，當讀爲『隧』。」《諸子平議・老子》：「塞其兑。」俞樾按：「兑，當讀爲『穴』。」《左傳・襄公二十五年》：「當陳隧者。」杜預注：「隧，徑也。」《國語・周語中》：「請隧焉。」韋昭注引賈侍中云：「開地通路曰『隧』。」《左傳・僖公二十五年》：「請隧。」杜預注：「闕地通路曰『隧』。」《資治通鑑・周紀》：「請隧於襄王。」胡三省注引杜預曰：「闕地通路曰『隧』。」《後漢書・陳王列傳》：「民有趙宣葬親而不閉埏隧。」李賢注引杜預注《左傳》云：「掘地通路曰『隧』。」《玉篇・阜部》：「隧，掘地通路也。」《漢書・西域傳下》：「欲起亭隧。」顏師古注：「隧者，依深險之處開通行道也。」《類篇》：「跧，步楚也。」「取食跧之多」，乃謂取食之道多困也。

〔二〕百生之不治也

雍案：生（王弼本、河上本、傅奕本作「民」），所庚切，與「姓」古字通。《廣韻・庚韻》《集韻・庚韻》：「生，姓也。」《書・舜典》：「别生分類。」孔安國傳：「生，姓也。」郭沫若云：「百姓在古金文中均作『百生』，即同族之義。」（《中國古代社會研究》第一〇二頁）《詩・小雅・天保》：「群黎百姓，徧爲爾德。」毛萇傳：「百姓，百官族姓也。」《説文・生部》朱駿聲《通訓定聲》：「生，叚借爲『姓』。」《説文·女部》：「姓，人所生也。」《白虎通德論·姓名》：「姓，生也。人所稟天氣所以生者也。」《易·觀》：「觀我生。」李鼎祚《集解》引虞翻曰：「生，謂『生民』也。」《孟子·滕文公下》：「天下之生久矣。」朱熹《集注》：「生，謂『生民』也。」

第四十一章

人之生也柔弱，亓死也⿰骨恒信堅強〔一〕。萬〔物草（據甲本補）〕木之生也柔椊〔二〕，亓死也楎槀〔三〕。故曰，堅強死之徒也，柔弱生之徒也。〔是（據傅奕本補）〕以兵強則不朕，木強則兢〔四〕。故強大居下，柔弱居上。

〔一〕亓死也⿰骨恒信堅強

雍案：⿰骨恒（「⿰骨恒信」二字傳世本所無，甲本作「⿱艹恒仞」），胡登切。⿰骨恒，从骨，恒聲。「筋」之假借字，義同。筋，古與「薊」「續」義通。《管子·內業》：「筋信而骨強。」戴望《校正》：「信，古『伸』字。」筋信，義與「⿰骨恒仞」同。《說文句讀·筋部》：「筋，體之力也，可以相連屬作用也。」《周禮·考工記·弓人》：「強者在內而摩其筋。」鄭玄注：「故書『筋』作『薊』。」王弼注本《老子》：「骨弱筋柔而握固。」陸德明《釋文》：「筋，『薊』者俗。」《禮記·樂記》：「而封黃帝之後於薊。」顏師古注：「薊，或爲『續』。」《說文·糸部》《玉篇·糸部》《廣韻·燭韻》《集韻·遇韻》：「續，連也。」《文選·陳琳〈爲袁紹檄豫州〉》：「續遇董卓。」呂延濟注：「續，相連也。」

信，升人切。伸也。古與「仞」通假。《孫子兵法·九地》：「信己之私。」杜牧注：「信，伸也。」《周禮·春官·大宗伯》：「侯執信圭。」《易·繫辭下》：「以求信也。」陸德明《釋文》引韋昭《漢書音義》：「信，古『伸』字。」孫詒讓《正義》：「『信』『伸』，古今字。」《管子·白心》：「信其強。」許維遹《集校》引丁士涵云：「信，古『伸』字。」《說文·人部》：「仞，伸臂一尋，八尺。」《楚辭·大招》：「五穀六仞。」朱熹《集注》：「仞，伸臂一尋，八尺。」《漢書·食貨志上》：「有石城十仞。」顏師古注：「八尺曰『仞』，取人申臂之一尋也。」

〔二〕木之生也柔椊

雍案：椊，昨没切。《集韻·没韻》：「椊杌，木短出皃。」《慧琳音義》卷七七「栽櫱」注引郭璞注《爾雅》云：「櫱，木餘。」《廣雅·釋言》：「櫱，䔿也。」王念孫《疏證》：「櫱，謂『萌櫱』也。」《廣雅·釋詁一》：「櫱，始也。」王念孫《疏證》：「『櫱』與『萌』『芽』同義。」

〔三〕亓死也楛槀

雍案：楛，苦胡切。假借爲「枯」。古字作「殆」，骨肉乾也。槀，苦浩切。「槁」字古文，與

「殦」「薧」並通。《說文・木部》：「枯，槀也。从木，古聲。」《玄應音義》卷六「枯槁」注：「槁，《說文》作『槀』。」《廣韻・晧韻》：「槁，《說文》作『槀』。」《文選・枚乘〈七發〉》：「向虛壑兮背槁槐。」李善注引《說文》曰：「『槀』與『槁』古字通。」《玄應音義》卷二〇「枯槁」注：「槁，古文『殦』。」《廣雅・釋詁二》：「殦，乾也。」王念孫《疏證》：「『殦』『薧』『槀』並通。」《周禮・秋官・小行人》：「則令槁襘之。」鄭玄注：「槁，古書『槁』爲『槀』。」《慧琳音義》卷三四「枯槁」注引《說文》：「枯，朽也。」《希麟音義》卷三「枯槁」注引《切韻》：「枯，朽也。」《慧琳音義》卷四一「枯槁」注引《考聲》：「槁，乾也。」《希麟音義》卷一「枯槁」注引《考聲》：「槁，乾也。」《慧琳音義》卷七「枯顇」注：「枯，正體作『𣧑』。骨肉乾也。」又卷五「枯涸」注：「枯，或作『𣧑』，古字也。」《廣雅・釋詁二》：「𣧑，乾也。」王念孫《疏證》：「枯，與『𣧑』通。」《說文・木部》朱駿聲《通訓定聲》：「枯，叚借又爲『𣧑』。」⿰木車，以車爲輔，頰也。車是内骨，骸下爲輔。《說文・車部》：「輔，人頰車也。」《易・艮》：「艮其輔。」李鼎祚《集解》引虞翻曰：「輔，面頰骨上頰車者也。」《左傳・僖公五年》：「諺所謂輔車相依。」杜預注：「輔，頰輔。」《易・咸》：「咸其輔頰舌。」陸德明《釋文》引馬融云：「輔，上頷也。」黃庭堅《讀方言》：「澁讀勞輔齶。」史容注引《周易》注：「頰，上頷也。」《古經解鉤沉》卷十七《左傳・僖公五年》：「輔車相依。」服虔注：「頰之與輔，口旁肌之名也。」杜預注：「車，牙車。」孔穎達疏：「車是内骨。」《素問・骨空論》：「骸下爲輔。」《呂氏春秋・權勳》：「若車之有輔也。」高誘注：「車，牙也。」

〔四〕木強則兢

雍案：兢（王弼本作「兵」，傅奕本、河上本、景龍本作「共」），居陵切。通作「競」「竟」。强也。爭競也。「競」之通假字，古文作「誩」。《說文・誩部》：「兢，彊言也。」「誩，競言也。」王筠《句讀》：「『誩』直是『競』之古文。」《書・立政》：「乃有室大競。」劉逢禄《今古文集解》引孫星衍云：「競，彊也。」《集韻・蒸韻》：「兢兢，堅彊皃。」《詩・小雅・無羊》：「矜矜兢兢。」毛萇傳：「矜矜兢兢，以言堅彊也。」《詩・大雅・桑柔》：「秉心無競。」朱熹《集傳》：「競，爭也。」《詩・商頌・長發》：「不競不絿。」馬瑞辰《傳箋通釋》：「『競』即爭競之義。」《左傳・襄公十年》：「師競已甚。」杜預注：「競，爭競也。」《爾雅・釋言》：「競，彊也。」郝懿行《義疏》：「競，又通作『竟』。」蓋王弼本作「兵」，傅奕本、河上本、景龍本作「共」，非是。

第四十二章

天之道，酉張弓也〔一〕。高者印之〔二〕，下者舉之；有餘者云之，不足者［補之。故天之道（據甲本補）］云有餘而益不足。人之道云不足而奉又餘。夫孰能又餘而［有以取（據甲本補）］奉於天者，唯又道者乎？是以耶人，爲而弗又〔三〕，成功而弗居也。若此亓不欲見賢也。

〔一〕酉張弓也

雍案：酉，與久切。「猶」之假借字。《說文·犬部》段玉裁注：「按古有以聲不以義者，如『猶豫』雙聲，亦作『猶與』，亦作『冘豫』，皆『遲疑』之皃。」

〔二〕高者印之

雍案：印，於刃切。古同「抑」。按也。壓也。羅振玉《增訂殷墟書契考釋》：「卜辭『印』字從『爪』，從『人』跽形，象以手抑人而使之跽。其誼如許書之抑，其字形則如許書之印，予意許書『印』『抑』字古爲一字。」

〔三〕爲而弗又

雍案：又，云久切。古文「有」字，讀爲有。《古文苑·周宣王〈石鼓文〉》：「澫澫又鯊。」章樵注：「又，通作『有』。」《玉函山房輯佚書·費氏易》：「又以尚賢也。」馬國翰引晁氏曰：「又，古文『有』字。」《戰國策·魏策二》：「是故又爲足下傷秦者。」吴師道注：「『又』『有』通。」《韓非子·外儲説右上》：「又重於衛君。」王先謙《集解》：「又，讀爲『有』。」《經詞衍釋補遺》：「『又』通『有』，猶如也。」《易·繫辭上》：「又以尚賢也。」陸德明《釋文》：「鄭本作『有以』。」《群經平議·春秋左傳二》：「公踰牆，又射之。」俞樾按：「又，當讀爲『有』。」

第四十三章

天下莫柔弱於水，［而攻堅強者莫之能先也（據甲本參照傅奕本補）］，以亓无以易之也。水之朕剛也，弱之朕強也，天下莫弗知也，而［莫之能行（據傅奕本補）］也。是故聖人之言云，曰：受國之詢〔一〕，是胃社稷之主；受國之不祥，是胃天下之王。正言若反。

〔一〕受國之詢

雍案：詢（王弼本、傅奕本、河上本、景龍本作「垢」，甲本作「詢」），胡遘切。古與「詬」「垢」同。《說文·言部》：「詢，『詬』或从句。」《玉篇·言部》：「詢，同『詬』。」《楚辭·離騷》：「忍尤而攘詢。」蔣驥注：「詢，『詬』同。」朱熹《集注》：「詢，又或作『垢』。」《廣雅·釋詁三》：「詢，罵也。」王念孫《疏證》：「詢，即『詬』字也。」《左傳·昭公二十年》：「余不忍其詢。」陸德明《釋文》：「詢，本或作『詬』，同。」洪亮吉詁：「《文選》注引《左傳》作『詬』。」

《呂氏春秋·離俗》：「彊力忍詢。」畢沅《新校正》：「《莊子》作『垢』。」《説文·土部》朱駿聲《通訓定聲》：「垢，叚借爲『詬』。」《經義述聞·詩》：「征以中垢。」王引之按：「垢，當讀爲『詬』。詬，恥辱也。」《左傳·宣公十五年》：「國君含垢。」陸德明《釋文》：「『垢』作『詬』。」

第四十四章

禾大〔怨〔一〕，必有餘怨，焉可以（據甲本補）〕爲善。是以耶人執左芥而不以責於人〔二〕。故又德司芥，无德司勶〔三〕，〔夫天道无親，恒與善人（據甲本補）。〕

《德》三千卌一。

〔一〕**禾大〔怨〕**

雍案：禾，户戈切。古與「和」音義相通。《説文·禾部》桂馥《義證》引《五經文字》：「『禾』之言『和』也。」《書·微子之命》：「唐叔得禾，異畝同穎。」孔穎達疏：「禾者，和也。」《吕氏春秋·必己》：「一上一下，以禾爲量。」高誘注：「禾，中和。」《管子·小問》：「故命之曰『禾』。」尹知章注：「（禾，）以其和調人之性命。」

〔一二〕**是以聖人執左芥而不以責於人**

雍案：芥（甲本作「是以聖右芥而不以責於人」，脱「人執」二字。傳世本皆作「左契」），古拜切。假借爲「介」，「挈」之假借字。「挈」又作「契」「栔」。《説文・手部》朱駿聲《通訓定聲》：「挈，叚借又爲『介』。」《廣雅・釋草》：「芥，草也。」王念孫《疏證》：「芥，字通作『介』。」《説文・大部》：「契，大約也。从大，从㓞。《易》曰：『後代聖人易之以書契。』」段玉裁注：「經傳或叚爲『栔』。」朱駿聲《通訓定聲》：「凡質劑之書券，今言合同；簿書之冣目，今言總帳；獄訟之要辭，今言案卷，言結，皆曰『契』。」《玉篇・大部》：「契，券也。」《禮記・曲禮上》：「獻粟者執右契。」鄭玄注：「契，券要也。」孔穎達疏：「契，謂兩書一札，同而別之。」《戰國策・韓策三》：「操右契而爲公責德於秦魏之主。」鮑彪注：「左契待合而已，右契以責。」《史記・平原君虞卿列傳》：「且虞卿操其兩權，事成操右券以責。」蓋有德司契，當爲「右芥」，而非「左芥」。甲本作「右芥」爲是。乙本「左芥」及傳世本之「左契」，非是。

〔一三〕**无德司勶**

雍案：勶，敕列切。同「徹」，音義相同。稅也。《字彙》：「勶，古『徹』字。」朱駿聲《通訓定聲》：「徹，叚借爲『𠷶』。」《説文·力部》朱駿聲《通訓定聲》：「𠷶，經傳皆以『徹』爲之。」《廣雅·釋詁二》：「徹，税也。」王念孫《疏證》：「徹者，通其率，以什一爲正也。」柳宗元《貞符》：「賦徹而藏。」蔣之翹《輯注》：「徹，謂什一之賦。」《詩·大雅·公劉》：「徹田爲糧。」鄭玄箋：「什一而税謂之徹。」《論語·先進》：「盍徹乎？」何晏《集解》引鄭玄曰：「周法十一而税謂之徹，徹，通也，爲天下通法也。」《孝經·庶人》：「謹身節用，以養父母。」唐玄宗注：「公賦既充，則私養不闕。」邢昺疏引《孟子》劉熙注云：「家耕百畝，徹取十畝以爲賦也。」《孟子·滕文公上》：「夏后氏五十而貢，殷人七十而助，周人百畝而徹，其實皆什一也。」《後漢書·郭杜孔張廉王蘇羊賈陸列傳》：「夫什一而税，周謂之『徹』。」

第四十五章

道，可道也，〔非恒道也。名，可名也，非（據甲本補）〕恒名也。无，名萬物之始也；有，名萬物之母也。故恒无欲也，〔以觀亓眇（據甲本補）；〕恒又欲也〔一〕，以觀亓所噭〔二〕。兩者同出，異名同胃。玄之又玄，衆眇之門〔三〕。

〔一〕恒又欲也

雍案：又，于救切。「又」與「有」通假字。《經詞衍釋補遺》：「又，猶有也，二字互通也。」《古文苑・周宣王〈石鼓文〉》：「澫澫又鯊。」章樵注：「又，通作『有』。」又《古文苑・秦惠王〈詛楚文〉》：「又秦嗣王。」章樵注：「又，通作『有』。」

〔二〕以觀亓所噭

雍案：噭（甲本同，王弼本、傅奕本、河上本、景龍本作「徼」），古弔切。「噭」「徼」同音通假。《玉篇·彳部》：「徼，『邊徼』也。」《説文·彳部》段玉裁注：「徼，引伸爲『邊徼』。」《字彙》：「徼，境也，塞也，邊也。」《集韻·嘯韻》：「徼，境也。」王弼注本《老子》：「常有欲，以觀其徼。」陸德明《釋文》：「徼，邊也。」「徼，微妙也。」河上公注：「徼，歸也。」柳宗元《記里鼓賦》：「觀其徼矣。」蔣之翹《輯注》：「徼，邊際也。」

〔三〕衆眇之門

雍案：眇，亡沼切。古「妙」字，音義同。李富孫《易經異文釋》卷六：「古無『妙』字，皆即以『眇』爲『妙』。」《荀子·王制》：「仁眇天下。」王先謙《集解》引郝懿行曰：「眇，古『妙』字，古書皆以『眇』爲『妙』。」《玉函山房輯佚書·費氏易》：「眇萬物而爲言者也。」馬國翰注引晁氏曰：「眇，古文『妙』字。」《漢書·揚雄傳下》：「閎意眇指。」顔師古注：「眇，讀曰『妙』。」《經籍籑詁·嘯韻》：「《鄭固碑》：『清眇冠乎群倫。』《孔褒碑》：『幼眇。』『妙』皆作『眇』。」

第四十六章

天下皆知美之爲美，亞已。皆知善，斯不善矣。［有无之相（據甲本補）］生也，難易之相成也，長短之相荆也，高下之相盈也，音聲之相和也，先後之相隋〔一〕，恒也。是以耶人居无爲之事，行不言之教。萬物昔而弗始〔二〕，爲而弗侍也〔三〕，成功而弗居也。夫唯弗居，是以弗去。

〔一〕先後之相隋

雍案：隋，旬爲切。「隨」之假借字。《說文・由部》朱駿聲《通訓定聲》：「隋，叚借爲『隨』。」《墨子・耕柱》：「隋侯之珠。」孫詒讓《閒詁》引畢沅云：「《文選・李斯〈上秦始皇書〉》注引作『隨』。」《韓非子・解老》：「隋侯之珠。」王先謙《集解》：「《御覽》八百三、八百六引『隋』並作『隨』。」《春秋左傳異文釋》卷一：「《桓（公）六年經》：楚武王侵隨。十二侯年表隨作『隋』。」《經籍纂詁・支韻》：「《莊子・讓王》：『卞隨。』《荀子・成相》作『卞隋』。」《風俗通義・

窮通》：「是以隋會圖其身而遺其友。」王利器注：「隋，《拾補》云：『「隨」省，如「周、隨」之亦省爲「隋」也。』」

〔一二〕萬物昔而弗始

雍案：昔，倉各切。假借爲「錯」，又借爲「措」「厝」。安也。置也。《説文・日部》朱駿聲《通訓定聲》：「昔，叚借爲『錯』。」《説文・金部》段玉裁注：「錯，或借爲『措』字。」《周禮・考工記・弓人》：「老牛之角紾而昔。」鄭玄注引鄭司農云：「昔，讀爲『交錯』之『錯』，謂牛角觕理錯也。」《廣雅・釋言》：「皵，䀖也。」王念孫《疏證》：「『昔』『錯』，義並與皵同。」《戰國策・齊策三》：「其錯之勿言也。」鮑彪注：「『錯』『措』同。」《荀子・儒效》：「則舉錯而定。」楊倞注：「錯，讀爲『措』。」《潛夫論・慎微》：「舉錯數失。」汪繼培箋：「『錯』與『措』通。」《易・繫辭上》：「舉而錯之。」陸德明《釋文》：「錯，本作『措』。」《論語・子路》：「則民無所錯手足。」陸德明《釋文》：「錯，本作『措』。」李富孫《易經異文釋》卷五：「苟錯諸地而可矣。《繫傳・手部》引作『措』。」《説文・手部》段玉裁注：「措，經傳多叚『錯』爲之，《賈誼傳》叚『厝』爲之。」桂馥《義證》：「措，通作『錯』。」

〔三〕 **爲而弗侍也**

雍案：侍，直之切。「持」之假借字，讀爲「持」。《説文·人部》朱駿聲《通訓定聲》：「侍，叚借爲『持』。」《吕氏春秋·異用》：「以養疾侍老也。」畢沅《新校正》引王念孫曰：「侍，當爲持。」《戰國策·燕策一》：「乃使蘇代持質子於齊。」吴師道注：「持，《史》作『侍』。」《馬王堆漢墓帛書·經法·亡論》：「守國而侍其地險者削，用國而侍其強者弱。」其文亦以「侍」爲「持」也。

第四十七章

不上賢，使民不爭；不貴難得之貨，使民不爲盜；不見可欲，使民不𢗖。是以聖人之治也，虚亓心，實亓腹，弱亓志，強亓骨。恒使民无知无欲也，使夫知（者）不敢、弗爲而已，則无不治矣。

第四十八章

道沖，而用之有弗盈也。淵呵，佀萬物之宗〔一〕，銼亓兑，解亓芬〔二〕，和亓光，同亓𡐦。湛呵佀或存。吾不知亓誰之子也，象帝之先。

〔一〕佀萬物之宗

雍案：佀，詳里切。「似」之古字。《説文·人部》：「佀，象也。从人，㠯聲。」《廣雅·釋詁四》《廣韻·止韻》：「佀，象也。」《玉篇·人部》《説文解字注·人部》：「佀，像也。」《莊子·秋水》：「而佀無有。」成玄英疏：「佀，像也。」《管子·七法》：「似也，類也，比也，狀也，謂之象。」《集韻·止韻》：「佀，或作『似』。」

〔二〕解亓芬

雍案：芬，撫文切。芬，乃「紛」之假借字，古音同。《説文·屮部》朱駿聲《通訓定聲》：「芬，叚借又爲紛。」

第四十九章

天地不仁，以萬物爲芻狗。耶人不仁，［以（據甲本補）］百姓爲芻狗。天地之間，亓猷橐籥輿？虚而不淈〔一〕，動而俞出，多聞數窮，不若守於中〔二〕。

〔一〕**虚而不淈**

雍案：淈，區勿切。假借爲「屈」，竭也。《説文·水部》朱駿聲《通訓定聲》：「淈，叚借爲『屈』。」《逸周書·五權解》：「極賞則淈。」朱右曾《集訓校釋》：「淈，讀爲『屈』，竭也。」《荀子·宥坐》：「其洸洸乎不淈盡。」楊倞注：「淈，讀爲『屈』，竭也。」又：「《家語》作：『浩浩無屈盡之期。』」《説文·尾部》朱駿聲《通訓定聲》：「屈，叚借又爲『汩』。」《經義述聞·國語上·汩越九原》：「『淈』『屈』，並與『汩』通。」

〔二〕**不若守於中**

雍案：中，直弓切。古同「沖」字。虚也。又假借爲「盅」。《管子·度地》：「環則中，中則涵。」許維遹《集校》引張佩綸云：「借中爲沖。」《玄應音義》卷二五「中虛」注引《字書》：「沖，中也。」《説文·水部》段玉裁注：「沖，凡用『沖虛』字者，皆『盅』之假借。」《玄應音義》卷二二「謙沖」注：「《説文》作『盅』，同。」《古文苑·蔡邕〈尊銘〉》：「盈而不沖。」章樵注：「沖，虛也。」《文選·王儉〈褚淵碑文〉》：「每懷沖虛之道。」李善注引《字林》：「沖，猶虛也。」《慧琳音義》卷五一「沖濬」注引《老子》：「大滿若沖。」

第五十章

浴神不死，是胃玄牝。玄牝之門，是胃天地之根。綿綿呵亓若存，用之不堇〔一〕。

〔一〕**用之不堇**

雍案：堇，即忍切。「盡」之假借字。窮也。竟也。止也。

第五十一章

天長地久。天地之所以能長且久者，以亓不自生也，故能長生。是以耶人退亓身而身先，外亓身而身先，外亓身而身存。不以亓无私輿？故能成亓私。

第五十二章

上善如水，水善利萬物而有爭〔一〕。居衆人之所亞，故幾於道矣。居善地，心善淵，予善天，言善信，正善治，事善能，動善時。夫唯不爭，故无尤。

〔一〕水善利萬物而有爭

雍案：爭（甲本作「靜」），疾郢切。「爭」與「靜」，古相通假，音義亦同。「爭」者，逆德也。蓋「爭」與「靜」，理出其一。《郭店楚墓竹簡·老子》：「以其不靜也，古天下莫能與之靜。」《説苑·指武》：「爭者，逆德也。」《説文·有部》：「有，不宜有也。《春秋傳》曰：『日月有食之。』从月，又聲。凡有之屬皆从有。」段玉裁注：「有，謂本是不當有而有之偁。」桂馥《義證》：「一有一亡曰有。」《玉篇·有部》：「有，不無也。」《廣韻·有韻》：「有，有無。」劉曠《小學札記》：「案有從月者，蓋以有有必有無，而不能恒久。莫如月之圓而復缺，滿而或食之，縣象著明也，有不能恒。《穀梁·哀十四年》：『其不言有，不使麟不恒於中國也。』恒久無過於日月而有虧食之象，暫虧食又復圓明。斯其爲不恒也，恒而不恒同語轉而謂之有。」蓋「有爭」，即「無爭」「不爭」也。

第五十三章

㨁而盈之，不若亓已。掫而允之〔一〕，不可長葆也。金玉〔盈（據甲本補）〕室，莫之能守也。貴富而驕，自遺咎也。功遂身退，天之道也。

〔一〕掫而允之

雍案：掫（甲本闕文）；王弼本作「揣而梲之」；傅奕本作「敳而梲之」；河上本、景龍本作「揣而鋭之」），初委切。「揣」之假借字，又作「敳」。音義亦同。《説文・手部》桂馥《義證》：『《老子》：『揣而梲之。』傅奕本作『敳』。』《玄應音義》卷七「揣觸」注：「揣，古文『敳』，同。」《廣韻・釋詁一》：「揣，動也。」《集韻・果韻》：「揣，摇也。」《札迻・〈老子〉王弼河上公注・第九章》：「此『揣』字蓋當讀爲『捶』。」

允，以轉切。「抗」字省文。《廣雅・釋詁一》《玉篇・手部》《集韻・旨韻》：「抗，動也。」《玉篇·手部》：「抗，摇也。」《集韻·旨韻》：「抗，揣也。」《廣韻·獮韻》：「抗，同揣。」《廣雅·釋訓》：「揣抗，摇捎也。」

第五十四章

戴營袙抱一〔一〕，能毋離乎？槫氣至柔〔二〕，能嬰兒乎？脩除玄監〔三〕，能毋有疵乎？愛民栝國〔四〕，能毋以知乎？天門啓闔，能爲雌乎？明白四達，能毋以知乎？生之畜之，生而弗有，長而弗宰也，是胃玄德。

〔一〕戴營袙抱一

雍案：袙（王弼本、景龍本、河上本、傅奕本作「魄」），普伯切。古同「魄」。从示，白聲。《説文·鬼部》：「鬼，人所歸爲鬼。从人，象鬼頭。鬼陰氣賊害，从厶。凡鬼之屬皆从鬼。䰟，古文从示。」《論衡·論死》：「人死精神升天，骸骨歸土，故謂之鬼。鬼者，歸也。」《禮記·禮運》：「列於鬼神。」鄭玄注：「鬼者，精魂所歸。」《吕氏春秋·禁塞》：「費神傷魂。」高誘注：「陽精爲魂，陰精爲魄。」《楚辭·大招》：「魂魄歸徠。」王逸注：「魄者，陰之形也。」《文選·陸機〈贈從兄車騎〉》：「營魄懷兹土。」李善注引《老子》鍾會注曰：「形氣爲魄。」又《文選·陸機〈弔魏武帝文》》：「迨營魄之未離。」李善注引鍾會曰：「形氣爲魄。」《太玄・中》：「上九，巔靈，氣形反。」呂望注：「死氣爲魂，其形爲魄。」《説文・鬼部》「魂」字桂馥《義證》引《内觀經》：「動以營身之謂魂，靜以鎮形之謂魄。」《素問・宣明五氣篇》：「肺藏魄。」王冰注引《靈樞經》：「并精出入者謂之魄。」《説文・鬼部》桂馥《義證》引《子華子》：「並精出入謂之魄。」《左傳・昭公七年》：「人生始化曰魄。」杜預注：「魄，形也。」孔穎達疏：「形之靈者名之曰魄也。」《太玄・視》：「陰成魄。」范望注：「魄，形也。」

〔一二〕槫氣至柔

雍案：槫（景龍本作「專」），度官切。古與「摶」通，又假借爲「專」。結聚使專一也。《墨子・備城門》：「十步積摶。」孫詒讓《閒詁》：「摶，舊本作『槫』。」《楚辭・九章・橘頌》：「圓果摶兮。」舊校：「摶，一作『槫』。」朱謙之《老子校釋》：「《老子》之『專氣』即《管子・内業》之『摶氣』，所謂『摶氣如神，萬物備存。』（尹知章注：「摶謂結聚也。」）」《易・繫辭上》：「其靜也轉。」韓康伯注：「專，專一也。」《管子・兵法》：「一氣專定則旁通而不疑。」許維遹《集校》引丁士涵云：「專，『一』同義。」《淮南子・精神訓》：「夫血氣能專於五藏。」高誘注：「專，一也。」

〔三〕脩除玄監

雍案：脩，徒歷切。古與「滌」通假。《説文·水部》段玉裁注：「《周禮》：『凡酒脩酌。』假借爲『滌』也。」《説文·肉部》朱駿聲《通訓定聲》：「脩，叚借爲『滌』。」《周禮·春官·司尊彝》：「凡酒脩酌。」鄭玄注：「鄭司農云：『脩酌者，以水洗勺而酌也。』玄謂脩讀如『滌濯』之『滌』。」

〔四〕愛民栝國

雍案：栝，他玷切。「恬」之通假字。王弼注本《老子》：「恬淡爲上。」陸德明《釋文》：「恬，本或作『栝』。」《後漢書·班彪列傳上》：「何其守道恬淡之篤也。」李賢注：「恬淡，猶清靜也。」《慧琳音義》卷二二引《慧苑音義》：「恬然宴宋。」注引《方言》：「恬然，靜也。」《漢書·宣元六王傳》：「大王奈何恬然。」顔師古注：「恬然，安靜貌也。」《荀子·彊國》：「恬然如無治者。」楊倞注：「恬然，安閑貌。」《書·梓材》：「引養引恬。」孫星衍《今古文注疏》引《説文》云：「恬，安也。」《莊子·在宥》：「是不恬也。」成玄英疏：「恬，靜也。」《國語·吴語》：「而又不自安恬逸。」韋昭注：「恬，猶靜也。」

第五十五章

卅楅同一轂〔一〕，當亓无，有車之用也。燃埴而爲器〔二〕，當亓无，有埴器之用也。鑿户牖，當亓无，有室之用也。故有之以爲利，无之以爲用。

〔一〕卅楅同一轂

雍案：卅，蘇合切。同「𠦃」，今作「卅」。《説文·𠦃部》：「𠦃，三十并也。古文省。凡𠦃之屬皆从𠦃。」《廣韻·盍韻》《合韻》引《説文》：「𠦃，三十。」《書·無逸》：「享國𠦃有三年。」江聲《集注音疏》：「𠦃，正義本作三十，唐石經作卅。案：卅是變文，依正文當作𠦃。」《廣韻·合韻》：「𠦃，今作卅，直爲三十字。」《容齋隨筆》卷五：「今人書二十字爲廿，三十字爲𠦃。」

楅，方六切。「輻」之假借字，讀爲「輻」。《説文·車部》：「輻，輪轑也。从車，畐聲。」《玉篇·車部》《廣韻·屋韻》：「輻，車輻也。」王弼注本《老子》：「三十輻共一轂。」陸德明《釋文》：「輻，車輻也。」《周禮·考工記》：「輪輻三十，以象日月也。」

〔一二〕⿰土然埴而爲器

雍案：⿰土然（甲本作「然」，傳世本作「埏」。河上公注：「埏，和也；埴，土也。和土以爲飲食之器。」），式連切。「埏」之假借字，又作「挻」。《管子・任法》：「猶埴之在埏也。」尹知章注：「埏，和也。」《文選・潘岳〈西征賦〉》：「均之埏埴。」李善注引河上公曰：「埏，和也。」柳宗元《代人進甕器狀》：「並藝精埏埴。」蔣之翹《輯注》：「埏，和也。」黄庭堅《對酒次前韻寄懷元翁》：「泥鈞埏萬物。」史容注引《老子》河上公注云：「埏，和也。」《鶡冠子・泰鴻》：「陶埏無形。」陸佃注：「埏，和土也。」柳宗元《愈膏肓疾賦》：「如泥之處埏。」蔣之翹《輯注》：「埏，和土也。」《淮南子・精神訓》：「陶人之剋埏埴。」葉德輝《閒詁》：「埏，揉也。」《玄應音義》卷一八「埏埴」注：「埏，柔也。」《荀子・性惡》：「故陶人埏埴而爲器。」楊倞注：「埏，擊也。」《慧琳音義》卷八八「埏形」引許慎注《淮南子》：「埏，抑土爲器也。」《小學蒐佚・桂苑珠叢》：「抑土爲器曰『埏』。」《集韻・僊韻》：「埏，通作『挻』。」

第五十六章

五色使人目盲；馳騁田臘使人心發狂〔一〕；難得之貨，使人之行仿〔二〕；五味使人之口爽；五音使人之耳［聾（據甲本補）］。是以耶人之治也，爲腹而不爲目，故去彼而取此。

〔一〕馳騁田臘使人心發狂

雍案：臘，良涉切。古文同「獵」，義相通也，讀爲「獵」。《禮記・月令》：「臘先祖五祀。」鄭玄注：「臘，謂以田獵所得禽祭也。或言祈年，或言大割，或言臘，互文。」《風俗通義・祀典》：「臘者，獵也。言田獵取獸，以祭祀其先祖也。」《大戴禮記・主言》：「畢弋田獵之得。」王聘珍《解詁》：「田獵，放獵，逐禽也。」「四時之田，總名爲獵。」《說文・犬部》：「獵，放獵，逐禽也。」《類篇・犬部》：「獵，校獵，逐禽也。」《慧琳音義》卷七四「遊獵」注引《說文》：「獵，逐禽獸也。」《詩・齊風・南山》：「衡從其畝。」毛萇傳：「衡獵之，從獵之。」孔穎達疏：「在田逐禽謂之獵。」《説文繫傳・犬部》：「獵，畋獵也，逐禽也。」《詩・魏風・伐檀》：「不狩不獵。」鄭玄注：「宵田曰獵。」

〔一一〕使人之行仿

雍案：仿，符方切。「放」之通用字。《説文・子部》：「孶，放也。」段玉裁注：「『放』『仿』古通用。」《莊子・天運》：「吾子亦放風而動。」成玄英疏：「放，縱任也。」《漢書・藝文志》：「及放者爲之。」顔師古注：「放，蕩也。」《文選・嵇康〈與山巨源絶交書〉》：「重增其放。」李善注：「放，謂『放蕩』。」《廣雅・釋訓》：「仿佯，『徙倚』也。」王念孫《疏證》：「游戲『放蕩』謂之『仿佯』。」

第五十七章

弄辱若驚，貴大患若身。何胃弄辱若驚？弄之爲下也，得之若驚，失之若驚，是胃弄辱若驚。何胃貴大患若身？吾所以有大患者，爲吾有身也。及吾无身，有何患？故貴爲身於爲天下，若可以橐天下［矣（據甲本補）］，愛以身爲天下，女可以寄天下矣〔一〕。

〔一〕女可以寄天下矣

雍案：女，忍與切。與「汝」字同，讀爲「汝」。《説文·女部》朱駿聲《通訓定聲》：「女，發聲之詞，與『汝』『若』『而』『爾』同。」《詩·魏風·碩鼠》：「逝將去女。」王先謙《三家義集疏》：「韓『女』作『汝』。」《左傳·昭公二十六年》：「使女寬守闕塞。」陸德明《釋文》：「女，亦本作『汝』。」《論語·爲政》：「誨女知之乎？」劉寶楠《正義》：「皇本『女』皆作『汝』。」《墨子·明鬼下》：「帝享女明德。」孫詒讓《閒詁》：「女，吴鈔本『汝』。」《韓非子·外儲説右上》：「《詩》曰：『雖無德與女。』」王先慎《集解》：「《晏子春秋·外篇》『女』作『汝』，同字。」

第五十八章

視之而弗見，［名（據甲本補）］之曰微；聽之而弗聞，命之曰希，捪之而弗得，命之曰夷。三者不可至計，故緍而爲一〔一〕。一者，亓上不謬〔二〕，亓下不惚〔三〕；尋尋呵不可命也，復歸於无物。是胃无狀之狀，无物之象，是胃沕望〔四〕。隋而不見亓後，迎而不見亓首，執今之道，以御今之有，以知古始，是胃道紀。

〔一〕**故緍而爲一**

雍案：緍，渠云切。讀爲「群」，群也；引指歸也。从糸，君聲。此字《字書》不見。《爾雅·釋詁上》：「林，君也。」郝懿行《義疏》：「君之言群，凡群衆所歸皆謂之君。」邢昺疏引：「君，群也，群下之所歸心也。」《荀子·君道》：「君者何也？曰：『能群也』。」《韓詩外傳》卷五：「君者何也？曰：『群也』。」《逸周書·謚法解》：「從之成群曰『君』。」《漢書·刑法志》：「從之成群，是爲君矣。」《經義述聞·爾雅上》：「林烝天帝皇王后辟公侯君也。」蓋「君」字有二義，一爲

「群聚」之「群」，林、烝是也。《逸周書・太子晉解》：「侯能成群謂之君。」《集韻・文韻》：「君，群也，下之所歸也。」《廣韻・文韻》：「君者，群也，群下之歸心也。」《春秋繁露・滅國上》：「君者，不失其群者也。」凌曙注：「君，群也，下之所歸心也。」

〔一二〕亓上不謬

雍案：謬（甲本作「攸」），靡幼切。同「繆」。音義相通。《説文・言部》：「誤，謬也。」段玉裁注：「謬，當作『繆』。古『謬』字从糸，如綢繆戾也。」謬，謬悠也。《莊子・天下》：「以謬悠之説。」陸德明《釋文》：「謬悠，謂若忘於情實者也。」成玄英疏：「謬，虛也。」《説文・攴部》朱駿聲《通訓定聲》：「攸，叚借爲『悠』。」《説文・㫃部》：「旐，龜蛇四游，目象營室，攸攸而長也。」段玉裁注：「古悠長字皆作『攸』。」《孟子・萬章上》：「攸然而逝。」焦循《正義》：「攸與悠同。」《墨子・尚賢下》：「是以使百姓皆攸心解體。」孫詒讓《閒詁》：「『攸』與『悠』通。」又引畢沅云：「攸，一本作『放』。」《讀書雜志・漢書第十五・叙傳》：「『攸攸外寓』，劉逵《吴都賦》注引此作『悠悠外宇』。」段玉裁《毛詩故訓傳》卷十七：「攸革沖沖。」按：「攸，古金石文字皆作『攸』。」

〔三〕亓下不惚

雍案：惚，呼骨切。「忽」之俗字。古多假借爲「曶」。《説文・心部》桂馥《義證》：「忽，俗作『惚』。」段玉裁注：「忽，古多叚『曶』爲之。」《楚辭・九歌・湘夫人》：「荒忽兮遠望。」舊校：「忽，一作『惚』。」《楚辭・離騷》：「日月忽其不淹兮。」朱熹《集注》：「忽，一作『曶』。」《楚辭・九辯》：「歲忽忽而遒盡兮。」舊注：「忽，一作『曶』。」李富孫《春秋左傳異文釋》卷一：「《桓（公）六年傳》：『鄭太子忽帥師救齊。』《説文・日部》引作『太子曶』。《書》：『今文采政忽。』《五行傳注》引作『曶』。」《群經平議・尚書一》：「在治忽。」俞樾按：「忽字，鄭作『曶』。」

〔四〕是胃沕朢

雍案：朢，巫放切。通作「望」。《説文・壬部》：「朢，月滿與日相朢以朝君也。从月，从臣，从壬。壬，朝廷也。」桂馥《義證》：「朢，經典通作望。」商承祚《古文考》：「象人登高舉目遠望。」

第五十九章

古之〔善（據王弼本補）〕爲道者，微眇玄達，深不可志。夫唯不可志，故強爲之容曰：與呵亓若冬涉水〔一〕，猷呵亓若畏四哭〔二〕，嚴呵亓若客，渙呵亓若淩澤〔三〕，沌呵亓若樸，湷呵亓若濁，湛呵亓若浴〔四〕。濁而精之，徐清，女以重之〔五〕，徐生。葆此道〔者不（據甲本參照王弼本補）〕欲盈，（夫唯不欲盈，）是以能敝而不成〔六〕。

〔一〕與呵亓若冬涉水

雍案：與，羊洳切。讀若「豫」，古與「豫」音義相通。《讀書雜志·荀子第二·儒效》：「豫賈。」王念孫按引王引之曰：「與，與『豫』同。」《墨子·號令》：「無有所與。」孫詒讓《閒詁》引《漢書·高帝紀》注云：「與，讀曰『豫』。」《漢書·高帝紀下》：「世世無有所與。」顏師古注：「與，讀曰『豫』。」《資治通鑑·漢紀》：「延壽猶與不聽。」胡三省注：「與，讀曰『豫』，即『猶豫』也。」《晏子春秋·內篇·諫上》：「願夫子無與焉。」孫星衍《音義》：「與，讀如『豫』。」《儀禮・士昏禮》：「我與在。」鄭玄注：「古文『與』爲『豫』。」《穀梁傳・僖公八年》：「鄭伯乞盟。」范甯注：「故乞得與之。」陸德明《釋文》：「與，本或作豫。」《禮記・曲禮上》：「定猶與也。」陸德明《釋文》：「與，本亦作『豫』。」

〔二〕猷呵亓若畏四叜

雍案：猷，以周切。讀若「猶」，與「猶」義相通。《玉篇・犬部》：「猷，亦與『猶』同。」《文選・張華〈女史箴〉》：「王猷有倫。」李善注：「『猷』與『猶』古字通。」《經籍籑詁・尤韻》：「《袁良碑》：『其儉猷稱。』『猶』作『猷』。」《集韻・尤韻》：「猷，通作猶。」《書・秦誓》：「尚猷詢茲黃髮。」劉逢禄《今古文集解》：「《漢書・韋賢傳》注引『猷』作『猶』。」

〔三〕渙呵亓若凌澤

雍案：凌，力膺切。「凌」之假借字。《爾雅・釋言》：「凌，慄也。」郝懿行《義疏》：「凌者，『凌』之叚借也。」陸德明《釋文》：「樊注作『凌』，冰凜也。」《管子・權修》：「上下凌節。」戴望《校正》：「宋本『凌』作『凌』。」《集韻・證韻》：「凌，冰也。」《後漢書・張衡列傳》：「魚矜鱗而并凌兮。」李賢注：「凌，冰也。」《廣韻・蒸韻》：「凌，冰凌。」李賀《北中寒》：「爭瀯海水飛凌喧。」王琦注：「凌，積冰也。」《周禮·天官·敘官》：「凌人。」孫詒讓《正義》引《風俗通義》云：「積冰曰『凌』。」《古文苑·劉歆〈遂初賦〉》：「慨原泉之凌陰。」章樵注引《風俗通義》云：「積冰曰『凌』。」《初學記·地部下·冰》引《風俗通義》云：「積冰曰『凌』。」

澤，施隻切。古「釋」字。《説文·釆部》「釋」字段玉裁注：「《考工記》以『澤』爲『釋』，《史記》以『醳』爲『釋』，皆同聲假借也。」《説文·水部》段玉裁注：「澤，又借爲『釋』字。」《詩·周頌·載芟》：「其耕澤澤。」馬瑞辰《傳箋通釋》：「『澤』『釋』古通用。」《管子·内業》：「逐淫澤薄。」許維遹《集校》引陳奂云：「澤，讀爲『釋』。」又《地員》：「捍然如米以葆澤。」許維遹《集校》引張佩綸云：「『澤』『釋』通。」《札迻·〈管子〉尹知章注·地員第五十八》：「『芬然若澤。』案：『澤』亦當讀爲『釋』。」《史記·孝武本紀》：「古者先振兵澤旅。」裴駰《集解》引徐廣曰：「古『釋』字作『澤』。」《讀書雜志·管子第五·戒》：「《小問篇》：『語曰，澤命不渝。』即《鄭風·羔裘》之『舍命不渝。』《困學紀聞·諸子類》引張嵲讀《管子》曰：『澤命不渝。』澤，古『釋』字。」

〔四〕滍呵亓若浴

雍案：滍，側羊切。古與「莊」通。盛也。駱賓王《秋日餞陸道士陳文林得風字》：「通莊指浮氣之關。」陳熙晉《箋注》引《爾雅·釋宮》孫炎注：「莊，盛也。」《古經解鉤沉》卷二十八《爾雅·釋宮》：「六達謂之莊。」孫炎注：「莊，盛也。」

浴，古禄切。「谷」之本字。《廣韻·屋韻》：「谷，山谷。」《説文·水部》朱駿聲《通訓定聲》：「浴，叚借爲『谷』。」《大戴禮記·誥志》：「川浴不處。」王聘珍《解詁》：「浴，讀曰『谷』。」《山海經·西山經》：「濁浴之水出焉。」郝懿行《箋疏》：「《太平御覽》八百八卷、九百十三卷並引此經『浴』作『谷』。」

〔五〕女以重之

雍案：重（景龍本作「動」），徒揔切。讀爲「動」，「動」之假借字。《説文·重部》朱駿聲《通訓定聲》：「重，叚借爲『動』。」《左傳·僖公十五年》：「且晉人慼憂以重我，天地以要我。」《經義述聞》：「重，疑當作『動』，晉大夫反首拔舍以感動我也。」

〔六〕是以能褩而不成

雍案：褩，蒲結切。同「襒」。「敝」之假借字。《老子》甲本「敝則新」，乙本作「褩則新」。《廣韻·屑韻》《集韻·屑韻》：「襒，亦作『褩』。」《玉篇·㡀部》：「敝，壞也。」《論語·公治長》：「敝之而無憾。」朱熹《集注》：「敝，壞也。」

不，敷悲切。古與「丕」通用，讀若丕。《說文・一部》「丕」字段玉裁注：「『丕』與『不』音同，故古多用『不』爲『丕』。」《說文・不部》朱駿聲《通訓定聲》：「不，叚借爲『丕』。」《詩・大雅・文王》：「有周不顯。」馬瑞辰《傳箋通釋》：「『不』『丕』古通用。」《爾雅・釋蟲》：「不蜩，王蚥。」郝懿行《義疏》引翟晴江補郭璞云：「《詩》《書》及古金石文『不』多通『丕』。」《書・洛誥》：「頒朕不暇。」劉逢祿《今古文集解》引莊存與云：「『不』讀『丕』。」《逸周書・小開解》：「汝恭聞不命。」朱右曾《集訓校釋》：「不，讀爲『丕』。」《書・金縢》：「不能事鬼神。」劉逢祿《今古文集解》：「『不』與『丕』古通。」《管子・宙合》：「故名之曰不德。」許維遹《集校》引丁士涵云：「『不』字當讀爲『丕』。」「古字多以『不』爲『丕』。」《汲冢周書・小開解》：「汝恭聞不命。」孔晁注：「『不』讀爲『丕』，大也。」《說文・一部》：「丕，大也。从一，不聲。」

第六十章

至虛極也，守靜督也〔一〕。萬物旁作，吾以觀亓復也。〔天〕物祛祛〔二〕，各復歸於亓根。（歸根）曰靜，靜是胃復命，復命常也，知常明也。不知常芒，芒作凶。知常容，容乃公，公乃王，［王乃（據甲本補）］天，天乃道，道乃（久）。没身不殆。

〔一〕守靜督也

雍案：督，冬毒切。「篤」之假借字，讀爲「篤」。《墨子·經説上》：「使人督之。」孫詒讓《閒詁》：「督，『篤』之借字。」《群經平議·春秋左傳一》：「應乃懿德，謂督不忘。」俞樾按：「督，當讀爲『篤』。」《爾雅·釋詁下》：「督，正也。」郝懿行《義疏》：「督，通作『篤』。」《讀書雜志·餘編下·楚辭·察督夭隱》：「昭（公）二十二年《左傳》：『晉司馬督。』《漢書古今人表》作司馬篤。」《爾雅·釋詁下》：「篤，厚也。」《書·微子之命》：「曰篤不忘。」孔安國傳：「謂厚不可忘。」孔穎達疏：「孔訓篤爲厚。」《論語·子張》：「信道不篤。」劉寶楠《正義》：「篤者，厚也。」

〔二一〕〔天〕物䰟䰟

雍案：䰟（傅奕本作「䞣」），胡昆切。「魂」之假借字，物本爲「䰟」。又假借爲「伝」「芸」。《説文·鬼部》朱駿聲《通訓定聲》：「魂，叚借爲『䞣』。」《廣雅·釋天》：「太初，氣之始也。」王念孫《疏證》引《太平御覽》引《詩推度災》云：「陽本爲雄，陰本爲雌，物本爲魂。」《太玄·玄告》：「魂魂萬物。」范望注：「魂魂，衆多之貌也。」《左傳·昭公七年》：「陽曰魂。」孔穎達疏引《孝經説》曰：「魂，芸也。芸芸，動也。氣唯嘘吸，取芸動爲義。」《山海經·西山經》：「其氣魂魂。」郝懿行《箋疏》：「魂魂，猶芸芸也。」《白虎通德論·情性》：「魂猶伝伝也，行不休於外也。」

第六十一章

大上，下知又［之（據甲本補）］；亓［次（據甲本補）］親譽之；亓次畏之；亓下母之〔一〕。信不足，安有不信。猷呵，亓貴言也，成功遂事而百姓胃我自然。

〔一〕**亓下母之**

雍案：母，文甫切。「侮」之古文，音義相通。古又作「侮」。甲骨文中「母」與「毋」爲一字，蓋「母」亦「毋」聲，「母」即「侮」之本字。《馬王堆漢墓帛書・稱》：「行曾（憎）而索愛，父弗得子；行母（侮）而索敬，君弗得臣。」

第六十二章

故大道廢，安有仁義。知慧出，安有［大僞（據甲本補）］。六親不和，安又孝兹。國家閟𠆸〔一〕，安有貞臣。

〔一〕**國家閟𠆸**

雍案：閟，呼昆切。古又作「闇」。閟，昏也。从門，从口，从心。民聲藏於心，鉗於口，闇也。故昏古又作「惛」與「悟」，皆从心也。《説文·日部》朱駿聲《通訓定聲》：「昏，叚借爲『闇』。」《廣雅·釋訓》：「惛惛，亂也。」王念孫《疏證》：「多方云：『乃大淫昏。』『昏』與『惛』同。」《詩·小雅·小宛》：「彼昏不知。」馬瑞辰《傳箋通釋》：「昏者，『惛』之叚借。」《説文·日部》朱駿聲《通訓定聲》：「昏，叚借爲『惛』。」《管子·宙合》：「不得不知則昏。」戴望《校正》：「宋本『昏』作『惛』。」

第六十三章

絶耶棄知而民利百倍。絶仁棄義而民復孝兹。絶巧棄利盜賊无有。此三言也，以爲文未足，故令之有所屬，見素抱樸，少私而寡欲。

第六十四章

絶學无憂。唯與呵，亓相去幾何？美與亞，亓相去何若？人之所畏，亦不可以不畏人。朢呵，亓未央才〔一〕，衆人巸巸〔二〕，若鄉于大牢〔三〕，而春登臺。我博焉未垗〔四〕，若嬰兒未咳。纍呵〔五〕，佁无所歸〔六〕。衆人皆又餘，「我獨遺（據甲本補）。」我愚人之心也，湷湷呵〔七〕。鬻人昭昭〔八〕，我獨若閱呵。鬻人察察，我獨閩閩呵〔九〕。沕呵，亓若海；朢呵，若无所止。衆人皆有以，我獨頑以鄙〔一〇〕，吾欲獨異於人，而貴食母。

〔一〕亓未央才

雍案：才，昨哉切。古與「哉」通。《經義述聞・書・亢才》：「《淮南・要略》：『雖未能抽引元妙之中才。』才，即『哉』字。」《書・泰誓》：「允哉。」孫星衍《今古文注疏》：「《大傳》引《書》作『亢才』。『才』與『哉』通。」《九經古義・毛詩下》：「『哉』與『才』通。《張平子碑》

云：『往才，女諧。』」《經義述聞・書・亢才》：「『哉』『才』古字通。《集韻》曰：『哉，古作「才」。』《唐書・厤志》載《大衍厤議》引《顧命》曰：『惟四月才生魄。』是其證也。」

〔二〕衆人配配

雍案：配，許其切。古與「熙」通，和也。樂也。《類篇》：「配，樂也。」《廣韻・之韻》《集韻・之韻》：「熙，和也。」《資治通鑑・漢紀》：「以致雍熙。」胡三省注：「熙，和也。」《希麟音義》卷五「希熙」注：「熙，悦也。」《列子・力命》：「在家熙然有棄朕之心。」張湛注引《字林》：「熙，歡笑也。」

〔三〕若鄉于大牢

雍案：鄉，許兩切。「饗」字古文，鄉飲也。《禮記・祭義》：「饗者，鄉也。」《讀書雜志・淮南内篇第二十・泰族》：「饗飲習射。」王念孫按：「饗，當爲『鄉』字之誤也。」《儀禮・公食大夫禮》：「設洗如饗。」鄭玄注：「古文『饗』或作『鄉』。」又《聘禮》：「壹食再饗。」鄭玄注：「今文『饗』皆爲『鄉』。」又《燕禮》：「賓爲苟敬。」鄭玄注：「主國君饗時親進醴于賓。」陸德明《釋文》：「饗，或作『鄉』。」

〔四〕我博焉未垗

雍案：垗，治小切。與「兆」音義相通。《説文·土部》桂馥《義證》：「垗，通作『兆』。」朱駿聲《通訓定聲》：「垗，經傳皆以『兆』爲之。」《集韻·小韻》：「垗，通作『兆』。」《玉篇·土部》：「垗，亦作『兆』。」《周禮·春官·小宗伯》：「卜葬兆。」孫詒讓《正義》：「垗，『兆』之正字。」《書·召誥》：「用牲于郊。」江聲《集注音疏》：「垗，俗通用『兆』。」《説文·土部》：「《周禮》曰：『垗五帝於四郊。』」徐鍇《繫傳》：「今《周禮》作『兆』。」

〔五〕纍呵

雍案：纍，力追切。古與「累」字通。《説文·糸部》桂馥《義證》：「纍，字又作『累』。」《戰國策·楚策三》：「東有越纍。」吴師道注：「此書『纍』『累』通。」《楚辭·九思·傷時》：「亦詘辱兮係纍。」舊注引《釋文》：「『纍』作『累』。」《禮記·樂記》：「纍纍乎端如貫珠。」陸德明《釋文》：「纍，本又作『累』。」《漢書·揚雄傳上》：「湘纍。」蕭該《音義》：「晉灼『纍』作『累』。」

〔六〕侣无所歸

雍案：侣，詳里切。今通作「似」。《説文・人部》：「侣，象也。从人，吕聲。」《廣雅・釋言》：「似，若也。」蘇轍《老子解》：「乘萬物之理而不自私，故若無所歸。」

〔七〕湷湷呵

雍案：湷（甲本作「惷」），尺尹切。「惷」之假借字。《説文・心部》《廣雅・釋詁三》：「惷，亂也。」《玉篇・心部》：「惷，擾動也。亂也。」《春秋傳》曰：「王室曰惷春焉。」

〔八〕鬻人昭昭

雍案：鬻，余六切。轉借爲「俗」字，民之生養之習爲「俗」。《説文・人部》：「俗，習也。从人，谷聲。」《禮記・樂記》：「毛者孕鬻。」鄭玄注：「鬻，生也。」《詩・豳風・鴟鴞》：「鬻子之閔斯。」朱熹《集傳》：「鬻，養也。」《莊子・德充符》：「四者天鬻。」陸德明《釋文》：「鬻，養也。」《周禮・地官・大司徒》：「六曰以俗教安。」鄭玄注：「俗，謂土地所生習也。」

〔九〕我獨閩閩呵

雍案：閩，武巾切。古通「潛」。《荀子·賦》：「潛潛淑淑。」楊倞注：「潛潛，思慮昏亂也。」

〔一〇〕我獨𩑶以鄙

雍案：𩑶（乙本元字左半殘，通行本作「頑」。甲本「我獨頑」三字毀失），五還切。𩑶，乃「頑」之反寫。《廣雅·釋詁一》：「頑，愚也。」《書·皋陶謨中》：「庶頑讒説。」孫星衍《今古文注疏》引《廣雅》：「頑，愚也。」《廣雅·釋詁三》：「頑，鈍也。」《慧琳音義》卷二五「頑嚚」注引《蒼頡篇》：「頑，鈍也。」《孟子·萬章下》：「頑夫廉。」朱熹《集注》：「頑者，無知覺。」《逸周書·文政解》：「思行醜頑。」朱右曾《集訓校釋》：「頑者，頑鈍無廉隅。」

第六十五章

孔德之容，唯道是從。道之物，唯朢唯沕〔一〕，沕呵朢呵，中又象呵，朢呵沕呵，中有物呵。幼呵冥呵，亓中有請呵〔二〕。亓請甚真，亓中有信。自今及古，亓名不去，以順衆父。吾何以知衆父之然也，以此。

〔一〕唯朢唯沕

雍案：朢、沕（甲本作「朢」「忽」，傳世本作「恍」「惚」、「芒」「芴」、「怳」「惚」、「怳」「忽」等）。朢，「恍」之假借字；沕，「惚」之假借字。《玉篇·心部》：「恍，恍惚。」《類篇·心部》：「恍，昏也。」《希麟音義》卷八「恍迷」注引《考聲》：「恍，心迷昧也。」《玉篇·心部》《廣韻·没韻》：「惚，恍惚也。」《集韻·没韻》：「惚，怳惚，失意。」《文選·王巾〈頭陀寺碑文〉》：「惟怳惟惚。」舊校：「五臣本『惚』作『忽』。」《希麟音義》卷八「恍惚」注引《字林》云：「恍惚，心不明也。」《文選·司馬相如〈上林賦〉》：「芒芒恍惚。」郭璞注：「恍忽，目亂貌。」

《素問·靈蘭祕典論》：「恍惚之數。」王冰注：「恍惚者，謂似有似無也。」張志聰《集注》：「恍惚，謂心神之萌動。」《資治通鑑·晉紀》：「由是發病恍惚。」胡三省注：「人無精爽，謂之恍惚。」

〔二〕亓中有請呵

雍案：請（傳世本皆作「精」），「精」之通假字，又與「情」通。《説文·米部》朱駿聲《通訓定聲》：「精，叚借爲『情』。」「精，叚借又爲『請』。」《字彙》：「凡物之純，至者皆曰『精』。」《莊子·在宥》：「至道之精，窈窈冥冥；至道之極，昏昏默默。」又《大宗師》：「夫道有情有信，無爲無形，可傳而不可受，可得而不可見。」《荀子·法行》：「瑕適並見，情也。」王先謙《集解》引郝懿行曰：「古『精』『情』二字多通。」《荀子·解蔽》：「其情之至也不貳。」王先謙《集解》引盧文弨曰：「『情』作『精』。」《春秋繁露·官制象天》：「一時之情也。」凌曙注：「『情』作『精』。」《文選·夏侯湛〈東方朔畫贊〉》：「悠悠我情。」舊校：「五臣本『情』作『精』。」《諸子平議·吕氏春秋三》：「弊生事精。」俞樾按：「『生』與『性』，『精』與『情』，古字並通。」

第六十六章

炊者不立，自視者不章，自見者不明，自伐者无功，自矜者不長。亓在道也，曰粽食贅行〔一〕。物或亞之，故有欲者弗居。

〔一〕曰粽食贅行

雍案：粽（傳世本作「餘」），从米，余聲。以諸切。與「餘」音義同，食之殘賸也。粽从米，與从食同也。古从食之字亦多从米。例：餉，《集韻・漾韻》：「餉，或作『粡』。」粢，《說文・食部》：「粢，『餈』或从米。」糕，《說文新附・食部》朱駿聲《通訓定聲》：「餻，字亦作『糕』。」餦，《集韻・陽韻》：「餦，通作『粻』。」餱，《說文・食部》：「餱，通作『糇』。」又：「食，一米也。」《玉篇・食部》《廣韻・魚部》：「餘，殘也。」《集韻・麻韻》引徐邈說：「餘，緒餘，殘也。」《爾雅・釋詁下》：「餘，謂『遺餘』也。」《廣韻・魚韻》：「餘，賸也。」

第六十七章

曲則全，汪則正〔一〕，窪則盈，獘則新，少則得，多則惑。是以聖人執一以爲天下牧。不自視，故章；不自見也，故明；不自伐，故有功；弗矜，故能長。夫唯不爭，故莫能與之爭。古之所胃曲全者，几語才！誠全歸之。

〔一〕**汪則正**

雍案：汪，紆往切。「枉」之假借字，古文又作「桂」，讀爲「枉」。《説文·木部》段玉裁注：「枉，本謂木衺曲，因以爲凡衺曲之偁。」

第六十八章

希言自然。飄風不冬朝〔一〕，暴雨不冬日，孰爲此？天地而弗能久，有兄於人乎〔二〕？故從事而道者同於道，德者同於德，失者同於失。同於德者，道亦德之。同於失者，道亦失之。

〔一〕**飄風不冬朝**

雍案：飄（甲本作「飃」，傳世本作「飄」），撫昭切。同剽，急也；疾也。與「飄」「飃」通假。《資治通鑑·晉紀》：「晉人輕剽。」胡三省注：「剽，急也。」《周禮·考工記·弓人》：「則其爲獸必剽。」鄭玄注：「剽，疾也。」《後漢書·章帝八王傳》：「并任俠通剽輕。」李賢注：「剽，疾也。」《周禮·考工記·弓人》：「於挺臂中有柎焉，故剽。」鄭玄注：「剽，亦疾也。」《後漢書·文苑列傳》：「介胄剽悍。」李賢注：「剽，急疾也。」《吕氏春秋·觀表》：「聖人則不可以飄矣。」高誘注：「飄，疾也。」《廣韻·宵韻》引《老子注》：「飄，疾風也。」《漢書·蒯伍江息夫傳》：「飄至風起。」顏師古注：「飄，讀曰猋，謂疾風。」《莊子・齊物論》：「飄風則大和。」成玄英疏：「飄，大風也。」

〔二〕有兄於人乎

雍案：兄，許放切。古「況」字。《廣雅・釋親》：「兄，況也。」《白虎通德論・三綱六紀》：「兄，況也，況父法也。」《資治通鑑・周紀》：「令民父子兄弟同室内息者爲禁。」胡三省注引《白虎通德論》：「兄，況也，況父法也。」《詩・大雅・桑柔》：「倉兄填兮。」李富孫《異文釋》：「兄，與『況』同。」陸德明《釋文》：「兄，本亦作『況』。」《讀書雜志・墨子第二・非攻下》：「王兄自縱也。」王念孫按：「兄，與『況』同。」《九經古義・尚書下》：「兄，本古『況』字。」《廣雅・釋言》：「況，兹也。」王念孫《疏證》：「兄，與『況』通。」《漢書・趙充國辛慶忌傳》：「護羌校尉通長子次兄。」顏師古注：「兄，讀如本字，亦讀曰『況』。」《説文・水部》朱駿聲《通訓定聲》：「況，叚借爲『兄』。」按：「今浙江杭州人呼兄爲『阿況』，亦曰『況老』，蓋古之遺語。」《爾雅・釋言》：「矧，況也。」郝懿行《義疏》：「『況』者，『兄』之叚音也。『況』『兄』、『兹』『滋』，俱音義同，古字通用。」《詩・小雅・常棣》：「況也永歎。」馬瑞辰《傳箋通釋》：「古『兄』音讀如『荒』，囀聲讀如『況』。凡詩傳箋訓兹者，其字本皆作『兄』。」

第六十九章

有物昆成〔一〕，先天地生，蕭呵漻呵〔二〕，獨立而不琢。可以爲天地母，吾未知亓名也，字之曰道。吾強爲之名曰大。大曰筮〔三〕，筮曰遠，遠曰反〔四〕。道大、天大、地大、王亦大，國中有四大而王居一焉。人法地，地法天，天法道，道法自然。

〔一〕有物昆成

雍案：昆，胡本切。本作「混」，又通「崑」。《漢書·爰盎鼂錯傳》：「隴西太守臣昆邪。」顏師古注：「昆，讀曰『混』。」《詩·序》曰：「西有昆夷之患。」陸德明《釋文》：「昆，本又作『混』。」《説文·水部》朱駿聲《通訓定聲》：「混，叚借爲『昆』。」《集韻·魂韻》：「混，或作『緄』，通作『昆』。」《周禮·春官·大宗伯》：「以黄琮禮地。」鄭玄注：「禮地以夏至，謂神在崐崘者也。」陸德明《釋文》：「混，本又作『崑』。」

〔二二〕**蕭呵漻呵**

雍案：漻，落蕭切。與「寥」音義相通。《韓非子·主道》：「漻乎莫得其所。」王先謙《集解》引顧廣圻曰：「『漻』讀爲『寥』，正字作『廫』。」《廣雅·釋詁四》：「寥，藏也。」王念孫《疏證》：「《莊子·知北遊篇》云：『油然漻然，莫不入焉。』『漻』與『寥』通。」王弼注本《老子》：「寂兮寥兮。」河上公注：「寥者，空無形。」《文選·孫綽〈遊天台山賦〉》：「恣心目之寥朗。」李善注引《說文》曰：「寥，虚空也。」《類篇·宀部》：「寥，空虚也。」《文選·左思〈詠史詩八首〉》：「壁立何寥廓。」李周翰注：「寥，虚。」《玉篇·宀部》《廣韻·蕭韻》：「寥，空也。」庾信《至老子廟應詔》：「寥廓本乘蜺。」倪璠注引《廣雅》曰：「寥，空也。」

〔二三〕**大曰筮**

雍案：筮，時制切。「噬」之省文。「逝」之假借字。《說文·口部》朱駿聲《通訓定聲》：「噬，叚借爲『逝』。」《廣雅·釋言》：「逮，噬也。」王念孫《疏證》：「『逝』『遾』『噬』並通。」《詩·唐風·有杕之杜》：「噬肯適我。」陸德明《釋文》：「噬，韓詩作『逝』。」李富孫《異文釋》：「『逝』與『噬』，音義同。噬，叚借字。」

〔四〕**遠曰反**

雍案：反，府遠切。與「返」音義相通。《爾雅·釋言》：「還，返也。」郝懿行《義疏》：「返，通作『反』。」《左傳·哀公十六年》：「許公爲返祏。」陸德明《釋文》：「返，本亦作『反』。」《晏子春秋·内篇·諫上》：「十有八日而不返。」孫星衍《音義》：「返，《藝文類聚》作『反』。」《文選·曹丕〈與吴質書〉》：「雖書疏往返。」舊校：「五臣本『返』作『反』字。」

第七十章

重爲輕根，靜爲趮君〔一〕，是以君子冬日行，不遠亓甾重。雖有環官〔二〕，燕處則昭若，若何萬乘之王，而以身輕於天下，輕則失本，趮則失君。

〔一〕靜爲趮君

雍案：趮（甲本同，傳世本作「躁」），則到切。古與「躁」音義同。《説文·走部》《玉篇·走部》《廣韻·号韻》：「趮，疾也。」《漢書·王子侯表下》：「東昌趮侯成。」顏師古注：「趮，古『躁』字也。」又《高惠高后文功臣表》：「趮侯甯嗣。」顏師古注：「趮，古『躁』字也。」《集韻·号韻》：「趮，或作『躁』。」《論語·季氏》：「言未及之而言謂之『躁』。」劉寶楠《正義》：「躁，即『趮』字。」《逸周書·謚法解》：「好變動民曰『躁』。」朱右曾《集訓校釋》：「躁，古文作『趮』。」

〔二〕雖有環官

雍案：環（傳世本「環官」作「榮觀」），户觀切。營也。《讀書雜志·管子第五·君臣下》：「兼上下以環其私。」王念孫按：「環之言營也。」許維遹《集校》引丁士涵云：「『環』讀爲『營』。」《韓非子·人主》：「得勢擅事以環其私。」王先慎《集解》：「環，讀爲『營』。」《讀書雜志·管子第五·君臣下》：「《春秋·文十四年·穀梁傳》曰：『其曰入北斗，斗有環域也。』『環域』即『營域』。『環』與『營』同義，故『環繞』即『營繞』，『環衛』即『營衛』。」《韓非子·五蠹》：「自環者謂之私。」王先慎《集解》引盧文弨曰：「《説文》引作『自營爲私』，『營』『環』本通用。」《左傳·文公元年》：「使爲大師，且掌環列之尹。」杜預注：「環列之尹，宫衛之官，列兵而環王宫。」《古經解鉤沉》卷十八引《左傳·宣公三年》：「觀兵於周疆。」賈逵注：「觀兵，陳兵於周也。」

第七十一章

善行者无達迹〔一〕，善言者无瑕適，善數者不用檮笓〔二〕，善閉者无關籥而不可啓也，善結者无纆約而不可解也。是以耶人恒善怵人而无棄人〔三〕，物无棄財，是胃曳明〔四〕。故善人，善人之師；不善人，善人之資也。不貴亓師，不愛亓資，雖知乎大迷。是謂眇要。

〔一〕善行者无達迹

雍案：達（甲本作「勶」，傳世本作「轍」），敕列切。古與「徹」音義相同。《說文·力部》朱駿聲《通訓定聲》：「勶，經傳皆以『徹』爲之。」《書·顧命》：「出綴衣于庭。」江聲《集注音疏》：「事訖勶去，出之于庭中也。勶，經典通用『徹』。」《釋名·釋言語》：「達，徹也。」《玉篇·辵部》：「達，通也。」《說文·攴部》朱駿聲《通訓定聲》：「徹，通也。字亦作『轍』。」《爾雅·釋訓》：「不徹，不道也。」郝懿行《義疏》：「『徹』之言『轍』，有軌轍可循。」《諸子平議·老子》：

「無德司徹。」俞樾按：「古字『徹』與『轍』通。」《廣雅·釋詁三》：「轍，迹也。」王念孫《疏證》：「徹，與『轍』同。」《穆天子傳》卷二：「四徹中繩。」洪頤煊校：「徹，《山海經·西山經》注引作『轍』。」

〔二〕善數者不用檮筞

雍案：檮筞（甲本作「檮箖」，傳世本作「籌策」）。檮，假借爲「檮」，又與「籌」通假。《玉篇·木部》《集韻·晧韻》：「檮，斷木也。」《廣韻·尤韻》《集韻·尤韻》：「檮，剛木也。」《字詁·計》：「籌，謂以籌計之也。」《玉篇·竹部》：「籌，筴也。」《慧琳音義》卷三七「籌量」注引《淮南子》云：「籌，策也。」《廣韻·尤韻》：「籌，籌筭。」《漢書·五行志下之上》：「籌，所以紀數。」《説文·竹部》：「筭，長六寸，計歷數者。」朱駿聲《通訓定聲》：「筭，長六寸，徑一分，二百七十一枚而成六觚，爲一握，縱橫算之。」又《言部》：「計，會也，筭也。」段玉裁注：「筭，當作『算』，數也。」《儀禮·鄉射禮》：「執筭。」鄭玄注：「古文『筭』皆爲『筴』。」胡培翬《正義》：「此經『筭』字爲『筭籌』。」《説文·竹部》段玉裁注：「計謀曰籌策者，『策』猶『籌』，『籌』猶『筭』。筭所以計歷數，謀而得之，猶用筭而得之也，故曰『筭』、曰『籌』、曰『策』，一也。」「箖」與「策」，音近通假。箖，从竹，析聲。析，从木，从斤，義爲破木，與『檮』爲斷木，義亦合。徐志鈞《老子帛書校注》云：「戰國文字『筕』或改從『片』，此更省去『斤』旁，遂成『笂』。『榑笂』即『籌策』之叚借。』」朱謙之《老子校釋》云：「（策，）館本作『笇』。」《論語集解・八佾》：「多笇飲少笇，《釋文》笇，籌也。」《論語・八佾》：「其爭也君子。」何晏《集解》引馬融曰：「多筭飲少筭。」陸德明《釋文》：「笇，籌也。」又曰：「笇，本今作『筭』。」笇，與「笂」形近，「笂」即「笇」也。

〔三〕是以𦔻人恒善㤈人而无棄人

雍案：㤈，舉朱切。「救」之假借字，又作「捄」，或作「㤈」。《字彙》：「㤈，音救，義同。」《漢書・董仲舒傳》：「捄溢扶衰。」顏師古注：「捄，古『救』字。」《資治通鑑・周紀》：「魏之兵雲翔而不敢捄。」又《漢紀》：「將以捄溢扶衰。」胡三省注：「『捄』與『救』同。」《說文・手部》朱駿聲《通訓定聲》：「捄，叚借又爲『救』。」《玄應音義》卷九「是捄」注引《字詁》：「古文『𧦝』『捄』二形，今作『救』，同。」《禮記・大學》：「雖有善者亦無如之何矣。」鄭玄注：「雖云有善不能救之。」陸德明《釋文》：「捄，音『救』，本亦作『救』。」

〔四〕是胃曳明

雍案：曳（甲本作「怈」，傳世本作「襲」），餘制切。「怈」之省文。《說文・心部》：「怈，習也。」《玉篇・心部》：「㥮，明也。」《文選・王褒〈洞簫賦〉》：「超騰踰曳。」李善注：「曳，亦踰也。」「習」與「襲」，古相通。《左傳・襄公十三年》：「而歲襲其祥。」洪亮吉詁引惠棟曰：「襲，與『習』通。」李富孫《異文釋》：「《表記》注習作襲。大卜職疏引同。」《易・坤》：「不習无不利。」惠棟述：「《禮記・表記》曰：『卜筮不相襲。』鄭玄注《大司徒》云：『故《書》「襲」爲「習」。』是『習』爲古文『襲』。」《文選・任昉〈齊竟陵文宣王行狀〉》：「龜謀襲吉。」李善注：「襲，與『習』通。」《廣雅・釋詁四》：「襲，因也。」王念孫《疏證》：「襲，字通作『習』。」《書・大禹謨》：「卜不習吉。」孔穎達疏：「『習』與『襲』同。」《廣雅・釋詁四》：「襲，重也。」王念孫《疏證》：「『習』與『襲』通。」《爾雅・釋詁下》：「閑，習也。」郝懿行《義疏》：「（習，）通作『襲』。『襲』亦重也，因也。」

第七十二章

知亓雄，守亓雌，爲天下鷄〔一〕；爲天下鷄，恒德不离；恒德不离，復〔歸於嬰兒。知（據傅奕本補）〕亓白，守亓辱，爲天下浴；爲天下浴，恒德乃足；恒德乃足，復歸於樸。知亓白，守亓黑，爲天下式；爲天下式，恒德不貸；恒德不貸，復歸於无極。樸散則爲器〔二〕，𦔻人用則爲官長，夫大制无割。

〔一〕爲天下鷄

雍案：鷄（傳世本作「奚」），古奚切。讀曰「奚」，「奚」之假借字。本作「嫨」。《周禮·天官·敘官》：「奚三百人。」孫詒讓《正義》：「奚，即『嫨』之借字。」鄭玄注：「古者從坐，男女没入縣官爲奴，其少才知以爲奚。今之侍史官婢，或曰宦女。」羅振玉《增訂殷墟書契考釋》：「《説文解字》：『奚，大腹也。』予意罪隷爲奚之本誼，故从手持索以拘罪人。其从女者與从大同，《周官》有女奚，猶奴之从女矣。」徐志鈞《老子帛書校注》云：「『爲天下奚』，猶今言公僕，與知雄守雌之旨正合。」是。

〔二〕**樸散則爲器**

雍案：散，蘇旰切。「散」之異文。又作「散」。《集韻·換韻》：「散，分也。」《集韻·翰韻》：「散，分離也。」

第七十三章

將欲取〔天下而爲之，吾見亓弗（據甲本補）〕得已。夫天下，神器也，非可爲者也。爲之者敗之，執之者失之。物或行或隋〔一〕，或熱（或吹，或彊）或𥓂，或陪或墮〔二〕，是以耶人去甚去大去諸〔三〕。

〔一〕物或行或隋

雍案：隋，旬爲切。「隨」之假借字。《說文・由部》朱駿聲《通訓定聲》：「隋，叚借爲『隨』。」《墨子・耕柱》：「隋侯之珠。」孫詒讓《閒詁》引畢沅云：「《文選・李斯〈上秦始皇書〉》注引作『隨』。」《韓非子・解老》：「《御覽》八百三、八百六引『隋』並作『隨』。」《說文・辵部》《廣韻・支韻》：「隨，從也。」《易・隨》陸德明《釋文》：「隨，從也。」《莊子・天道》：「意之所隨者。」成玄英疏：「隨，從也。」《戰國策・秦策一》：「而王隨之矣。」高誘注：「隨，從也。」《列女傳・仁智・趙將括母》：「妾得無隨乎？」王照圓《補注》：「隨，從也。」《漢書・揚雄傳下》：

「蕭規曹隨。」顏師古注：「隨，從也。」

〔二〕或陪或墮

雍案：墮（甲本作「撱」，傳世本作「隳」），許規切。毀也。與「隳」同，讀若「隳」。《左傳・僖公三十三年》：「墮軍實而長寇讎。」杜預注：「墮，毀也。」又《定公十二年》：「叔孫州仇帥師墮郈。」杜預注：「墮，毀也。」《國語・周語下》：「不墮山。」韋昭注：「墮，毀也。」《莊子・胠篋》：「中墮四時之施。」陸德明《釋文》：「墮，毀也。」《荀子・正論》：「直墮之耳。」王先謙《集解》引郝懿行曰：「墮者，毀也。」《穀梁傳・隱公六年》：「輸者，墮也。」陸德明《釋文》：「墮，壞毀之也。」《資治通鑑・漢紀》：「今始至上谷而先墮大信。」胡三省注引李賢曰：「墮，毀也。讀曰『隳』。」又《周紀》：「墮先王之名。」胡三省注：「墮，與『隳』同。」《古文苑・李尤〈函谷關賦〉》：「墮闕有年。」章樵注：「隳，廢；隳、墮同。」《孟子・梁惠王下》：「王之臣有託其妻子于其友。」趙岐《孟子章指》：「無墮其職。」焦循《正義》：「墮，俗作『隳』。」《禮記・月令》：「毋有壞墮。」陸德明《釋文》：「墮，又作『隳』。」

〔三〕是以𦔻人去甚去大去諸

雍案：諸（傳世本作「奢」），章魚切。「者」之假借，「者」與「奢」，古音相近，又轉爲「奢」

之假借字。《説文・言部》朱駿聲《通訓定聲》：「諸，叚借又爲『者』。」《經義述聞・通説下・語詞誤解以實義》：「諸，『者』之叚借也。僖九年《左傳》曰：『以是藐諸孤，辱在大夫。』言以是藐然小者孤，辱在大夫也。」《墨子・備城門》：「治裾諸。」孫詒讓《閒詁》：「諸，當爲『者』之叚借。」《經義述聞・左傳上・藐諸孤》：「『者』與『諸』古字通。」《大戴禮記・衛將軍文子》：「道者孝悌。」孔廣森《補注》：「者，讀爲『諸』，古音相近通用之。」《左傳・隱公三年》：「驕奢淫泆，所自邪也。」孔穎達疏：「奢，謂夸矜僭上。」吴澄《道德經述成・道經》云：「凡過盛必衰，衰則亡之漸也。惟不使過盛，則可以不衰，而又何有於亡。甚也、奢也、泰也，極盛之時也。去甚者欲其常如微之時，去奢者欲其常如儉之時，去泰者欲其常如約之時，能不過盛，則可以使天下之不仁矣。」

第七十四章

以道佐人主，不以兵強於天下。亓〔事好還，師之所處〔一〕，荆（據傅奕本補）〕棘生之。善者果而已矣，毋以取強焉。果而毋驕，果而勿矜，果〔而勿（據傅奕本補）〕伐，果而毋得已居。是胃果而（不）強，物壯而老，胃之不道，不道蚤已。

〔一〕師之所處

雍案：處（甲本作「居」），昌與切。《玉篇·處部》《廣韻·語韻》：「處，居也。」《詩·召南·殷其靁》：「莫或遑處。」毛萇傳：「處，居也。」《國語·晉語四》：「不遑啓處。」韋昭注：「處，居也。」《孟子·萬章上》：「於桐處仁遷義。」趙岐注：「處，居也。」

第七十五章

夫兵者，不祥之器也。物或亞［之，故有欲者弗居。君（據甲本補）］子居則貴左，用兵則貴右，故兵者非君子之器。兵者不祥［之（據甲本補）］器也，不得已而用之。銛憹爲上〔一〕，勿美也。若美之，是樂殺人也。夫樂殺人，不可以得志於天下矣。是以吉事［上左，喪事上右（據甲本補）］，是以偏將軍居左，而上將軍居右，言以喪禮居之也。殺［人衆，以悲依（據甲本補）］立［之，戰（據甲本補）］朕而以喪禮處之〔二〕。

〔一〕銛憹爲上

雍案：銛憹（甲本作「銛襲」）。銛，古治切。《廣雅·釋詁二》：「銛，利也。」《正字通》：「銛，刃利也。」憹，力鍾切。「龍」之假借字。《廣雅·釋器》：「龍淵，劍也。」《文選·揚雄〈甘泉賦〉》：「漂龍淵而還九垠兮。」吕向注：「龍淵，劍名。」又《文選·劉琨〈扶風賦〉》：「右手揮龍淵。」劉良注：「龍淵，劍名。」庾信《從駕觀講武》：「龍淵觸牛斗。」倪璠注：「龍淵，劍名。」

《文選・曹植〈與楊德祖書〉》：「有龍淵之利。」呂向注：「龍淵，寶劍也。」《論衡・驗符》：「龍，潛藏之物也。」「龍」與「龔」，古相通假。《廣韻・釋詁三》《玉篇・龍部》：「龍，和也。」《易・師》象彖：「承天龍也。」惠棟述：「龍，和也。」《詩・周頌・酌》：「我龍受之。」毛萇傳：「龍，和也。」又《商頌・長發》：「何天之龍。」毛萇傳：「龍，和也。」《淮南子・天文訓》：「而天地襲矣。」《古文苑・揚雄〈蜀都賦〉》：「龍明衣。」章樵注：「龍，叚借『龔』，襲，重也。」《廣雅・緝韻》：「襲，重也。」《書・泰誓中》：「襲于休祥。」蔡沈《集傳》：「襲，重也。」《左傳・哀公十年》：「卜不襲吉。」杜預注：「襲，重也。」《韓非子・孤憤》：「今襲迹於齊晉。」王先謙《集解》引舊注：「襲，重也。」《管子・輕重丁》：「使其墻三重而門九襲。」尹知章注：「襲亦重也。」《楚辭・九章・懷沙》：「重仁襲義兮。」蔣驥注：「『襲』亦重也。」《爾雅・釋山》：「山三襲，陟。」郭璞注：「『襲』亦重也。」《群經平議・春秋公羊傳》：「此邑也，其言崩何？襲邑也。」俞樾按：「襲者，重襲也。」

〔二〕殺〔人衆，以悲依〕立〔之，戰〕朕而以喪禮處之

雍案：立，力入切。「莅」之本字，又作「涖」。《呂氏春秋・制樂》：「周文王立國八年。」畢沅《新校正》引《外傳》：「『立』作『莅』。」《史記・范雎蔡澤列傳》：「臣聞明主立政。」司馬貞

《索隱》：「《戰國策》『立』作『莅』也。」《公羊傳·僖公三年》：「莅盟者何？往盟乎彼也。」何休注：「莅，臨也。」《儀禮·士冠禮》：「吾子將莅之。」鄭玄注：「莅，臨也。」《國語·周語中》：「則皆官正莅事。」韋昭注：「莅，臨也。」

朕，書證切。讀曰「勝」，古與「勝」通用。《諸子平議·莊子一》：「吾鄉示之以太沖莫勝。」俞樾按：「勝，讀爲『朕』。『勝』本從『朕』聲。」《禮記·聘義》：「則用之於戰勝。」鄭玄注：「勝，克敵也。」《易·漸》：「終莫之勝。」江藩《述補》：「勝，克也。」《公羊傳·宣公十二年》：「勝乎皇門。」何休注：「勝，戰勝。」

第七十六章

道恒，无名。樸唯小而天下弗敢臣。侯王若能守之，萬物將自賓。天地相合，以俞甘洛〔一〕，「民莫之（據甲本補）」令而自均焉。始制有名，名亦既有，夫亦將知止，知止所以不殆。卑「道之（據甲本補）」在天下也〔二〕，猷川浴之與江海也。

〔一〕以俞甘洛

雍案：俞（《郭店楚墓竹簡・老子》作「逾」），式朱切。輸也。讀爲「輸」，古與「逾」「踰」「渝」「愉」「輸」通用。《史記・呂太后本紀》：「呂他爲俞侯。」司馬貞《索隱》：「『俞』音『輸』。」《説文・舟部》朱駿聲《通訓定聲》：「俞，叚借爲『逾』。」《説文・車部》朱駿聲《通訓定聲》：「輸，叚借爲『渝』。」「輸，叚借爲『愉』。」《玄應音義》卷三「俞旬」注：「俞，又作『踰』。」《經義述聞・大戴禮下・進退工故》：「其入人甚俞。」王引之按引王念孫曰：「俞，讀爲『愉』。」

洛（傳世本作「露」、竹簡本作「零」），「露」之省文，又省作「零」。

〔一一〕卑〔道之〕在天下也

雍案：卑，古與「俾」音義相同。《説文・人部》：「俾，益也。」段玉裁注：「古或假『卑』爲『俾』。」《説文・𠂇部》朱駿聲《通訓定聲》：「卑，叚借爲『俾』。」《集韻・紙韻》：「卑，使也。通作『俾』。」《詩・大雅・蕩》：「卑晝作夜。」陸德明《釋文》：「卑，使也。」《書・無逸》：「文王卑服。」陸德明《釋文》：「『卑』作『俾』。」又《盤庚》：「予一人。」劉逢禄《今古文集解》引莊存與云：「卑，『俾』通。」《逸周書・度邑解》：「朕卑皇祖不得高位于上帝。」朱右曾《集訓校釋》：「卑，讀爲『俾』。」《荀子・宥坐》：「卑民不迷。」楊倞注：「卑，讀爲『俾』。」

第七十七章

知人者知也，自知（者）明也；朕人者有力也，自朕者強也；知足者富也，強行者有志也；不失亓所者久也，死而不忘者壽也〔一〕。

〔一〕死而不忘者壽也

雍案：忘，巫放切。同「亡」，音義相通。《漢書·武五子傳》：「臣聞子胥盡忠而忘其號。」顏師古注：「忘，亡也。」《爾雅·釋言》：「棄，忘也。」郝懿行《義疏》：「忘，猶亡也。」《玉篇·亾部》：「亡，死也。」《公羊傳·桓公十五年》：「祭仲亡矣。」何休注：「亡，死亡也。」

第七十八章

道，渢呵〔一〕，亓可左右也。成功遂［事而（據甲本補）］弗名有也。萬物歸焉而弗爲主，則恒无欲也，可名於小。萬物歸焉而弗爲主，可命於大。是以耶人之能成大也，以亓不爲大也，故能成大。

〔一〕**渢呵**

雍案：渢，符咸切。「汎」之異文，今通作「泛」。《左傳・襄公二十九年》：「美哉渢渢乎。」洪亮吉詁：「渢，又作『汎』。」《廿二史考異・史記四》：「『美哉渢渢乎。』《説文》無渢字，蓋即『汎』之異文。」《説文・水部》朱駿聲《通訓定聲》：「汎，字亦作『渢』。」

第七十九章

執大象，天下往。往而不害〔一〕，安平大〔二〕，樂與「餌（據甲本補）」，過格止。故道之出言也，曰，淡呵亓无味也；視之不足見也；聽之不足聞也；用之不可既也。

〔一〕**往而不害**

雍案：害，胡瞎切。古與「瞎」通，讀爲「轄」。統制也。《釋名·釋車》：「轄，害也，車之禁害也。」《管子·幼官》：「刑則交、寒、害、釱。」戴望《校正》：「害，當從劉績説讀爲轄，轄爲繫車軸之物，引申之，因謂以鐵索拘罪人者亦謂之轄，其狀蓋如鋃鐺矣。」

〔二〕**安平大**

雍案：大，他蓋切。古與「太」「泰」音義相通，讀爲「太」。《説文·大部》朱駿聲《通訓定聲》：「大，叚借爲『泰』。」《孟子·梁惠王下》：「王之好樂甚。」趙岐注：「甚，大也。」焦循《正義》：「大甚之大讀若泰，與廣大之大古通。」《墨子・魯問》：「子墨子見齊大王曰。」孫詒讓《閒詁》引蘇時學云：「大，當讀『泰』。」《易・繫辭上》：「乾知大始。」陸德明《釋文》：「大，王肅作『泰』。」《左傳・哀公九年》：「遇泰之需。」孔穎達疏：「泰者，大也。」《莊子・天地》：「泰初有無。」成玄英疏：「泰，太。」《文選・曹植〈七啟〉》：「踵羲皇而齊泰。」呂向注：「泰，天下泰平也。」《釋詞》卷二：「往而不害，安平大，言往而不害，乃得平泰也。」

第八十章

將欲擒之〔一〕，必古張之；將欲弱之，必古強之；將欲去之，必古與之；將欲奪之，必古予［之（據甲本補）］；是胃微明。柔弱朕強，魚不可説於淵，國利器不可以示人。

〔一〕**將欲擒之**

雍案：擒（傅奕本、河上本作「翕」），迄及切。「翕」之假借字，字亦作「翖」。《爾雅·釋詁上》：「翕，合也。」郭璞注：「翕，謂對合也。」《玉篇·羽部》：「翕，合也。」《慧琳音義》卷八二「翕然」注引《字書》云：「翕，合也。」《廣韻·緝韻》：「翕，合也。」《大戴禮記·夏小正》：「翕也者，合也。」《説文·羽部》朱駿聲《通訓定聲》：「翕，字亦作『翖』。」

第八十一章

道恒，无名。侯王若能守之，萬物將自化。化而欲作，吾將闐之以无名之楃。闐之以无名之楃，夫將不辱。不辱以精，天地將自正。

《道》二千四百廿六。

附録 《老子道德經》（三國魏王弼注本）

上篇

第一章

道可道，非常道。名可名，非常名。無名天地之始，有名萬物之母。故常無欲，以觀其妙。常有欲，以觀其徼。此兩者同出而異名，同謂之玄，玄之又玄，衆妙之門。

第二章

天下皆知美之爲美，斯惡已。皆知善之爲善，斯不善已。故有無相生，難易相成，長短相較，高下相傾，音聲相和，前後相隨。是以聖人處無爲之事，行不言之教，萬物作焉而不辭，生而不有，爲而不恃，功成而弗居。夫唯弗居，是以不去。

第三章

不尚賢，使民不爭。不貴難得之貨，使民不爲盜。不見可欲，使民心不亂。是以聖人之治，虛其心，實其腹。弱其志，強其骨。常使民無知無欲，使夫智者不敢爲也。爲無爲，則無不治。

第四章

道沖而用之或不盈，淵兮似萬物之宗。挫其鋭，解其紛，和其光，同其塵。湛兮似或存，吾不知誰之子，象帝之先。

第五章

天地不仁，以萬物爲芻狗。聖人不仁，以百姓爲芻狗。天地之間，其猶橐籥乎？虛而不屈，動而愈出。多言數窮，不如守中。

第六章

谷神不死，是謂玄牝，玄牝之門，是謂天地根。緜緜若存，用之不勤。

第七章

天長地久，天地所以能長且久者，以其不自生，故能長生。是以聖人後其身而身先，外其身而身存。非以其無私邪？故能成其私。

第八章

上善若水，水善利萬物而不爭，處衆人之所惡，故幾於道。居善地，心善淵，與善仁，言善信，正善治，事善能，動善時。夫唯不爭，故無尤。

第九章

持而盈之，不如其已。揣而棁之，不可長保。金玉滿堂，莫之能守。富貴而驕，自遺其咎。功遂身退，天之道。

第十章

載營魄抱一，能無離乎？專氣致柔，能嬰兒乎？滌除玄覽，能無疵乎？愛民治國，能無知乎？天門開闔，能無雌乎？明白四達，能無爲乎？生之畜之，生而不有，爲而不恃，長而不宰，是謂玄德。

第十一章

三十輻共一轂，當其無，有車之用。埏埴以爲器，當其無，有器之用。鑿户牖以爲室，當其無，有室之用。故有之以爲利，無之以爲用。

第十二章

五色令人目盲，五音令人耳聾，五味令人口爽，馳騁畋獵令人心發狂，難得之貨令人行妨。是以聖人爲腹不爲目，故去彼取此。

第十三章

寵辱若驚，貴大患若身。何謂寵辱若驚？寵，爲下得之若驚，失之若驚，是謂寵辱若驚。何謂貴大患若身？吾所以有大患者，爲吾有身，及吾無身，吾有何患！故貴以身爲天下，若可寄天下。愛以身爲天下，若可託天下。

第十四章

視之不見名曰夷，聽之不聞名曰希，搏之不得名曰微。此三者不可致詰，故混而爲一。其上不皦，其下不昧，繩繩不可名，復歸於無物，是謂無狀之狀，無物之象。是謂惚恍。迎之不見其首，隨之不見其後。執古之道，以御今之有，能知古始，是謂道紀。

第十五章

古之善爲士者，微妙玄通，深不可識。夫唯不可識，故強爲之容。豫焉若冬涉川，猶兮若畏四鄰，儼兮其若容，渙兮若冰之將釋，敦兮其若樸，曠兮其若谷，混兮其若濁。孰能濁以靜之徐清？孰能安以久動之徐生？保此道者不欲盈，夫唯不盈，故能蔽不新成。

第十六章

致虛極，守靜篤，萬物並作，吾以觀復。夫物芸芸，各復歸其根。歸根曰靜，是謂復命。復命曰常，知常曰明，不知常，妄作，凶。知常容，容乃公，公乃王，王乃天，天乃道，道乃久。没身不殆。

第十七章

太上，下知有之。其次，親而譽之。其次，畏之。其次，侮之。信不足，焉有不信焉。悠兮其貴言。功成事遂，百姓皆謂我自然。

第十八章

大道廢，有仁義。慧智出，有大僞。六親不和，有孝慈。國家昏亂，有忠臣。

第十九章

絶聖棄智，民利百倍。絶仁棄義，民復孝慈。絶巧棄利，盜賊無有。此三者，以爲文不足，故令有所屬，見素抱樸，少私寡欲。

第二十章

絶學無憂，唯之與阿，相去幾何？善之與惡，相去若何？人之所畏，不可不畏。荒兮其未央哉！衆人熙熙，如享太牢，如春登臺。我獨泊兮其未兆，如嬰兒之未孩。儽儽兮若無所歸。衆人皆有餘，而我獨若遺。我愚人之心也哉！沌沌兮！俗人昭昭，我獨昏昏。俗人察察，我獨悶悶。澹兮其若海，飂兮若無止。衆人皆有以，而我獨頑似鄙。我獨異於人，而貴食母。

第二十一章

孔德之容，惟道是從。道之爲物，惟恍惟惚。惚兮恍兮，其中有象。恍兮惚兮，其中有物。窈兮冥兮，其中有精。其精甚真，其中有信。自古及今，其名不去，以閱衆甫。吾何以知衆甫之狀哉？以此。

第二十二章

曲則全，枉則直，窪則盈，敝則新，少則得，多則惑。是以聖人抱一，爲天下式。不自見故明，不自是故彰，不自伐故有功，不自矜故長。夫唯不爭，故天下莫能與之爭。古之所謂曲則全者，豈虛言哉！誠全而歸之。

第二十三章

希言自然。故飄風不終朝，驟雨不終日。孰爲此者？天地。天地尚不能久，而況於人乎？故從事於道者，道者同於道，德者同於德，失者同於失。同於道者，道亦樂得之。同於德者，德亦樂得之。同於失者，失亦樂得之。信不足，焉有不信焉。

第二十四章

企者不立，跨者不行，自見者不明，自是者不彰，自伐者無功，自矜者不長。其在道也，曰餘食贅行。物或惡之，故有道者不處。

第二十五章

有物混成，先天地生，寂兮寥兮，獨立不改，周行而不殆，可以爲天下母。吾不知其名，字之曰道，強爲之名曰大。大曰逝，逝曰遠，遠曰反。故道大，天大，地大，王亦大。域中有四大，而王居其一焉。人法地，地法天，天法道，道法自然。

第二十六章

重爲輕根，靜爲躁君，是以聖人終日行不離輜重。雖有榮觀，燕處超然，奈何萬乘之主，而以身輕天下？輕則失本，躁則失君。

第二十七章

善行無轍迹，善言無瑕讁，善數不用籌策，善閉無關楗而不可開，善結無繩約而不可解。是以聖人常善救人，故無棄人。常善救物，故無棄物，是謂襲明。故善人者，不善人之師。不善人者，善人之資。不貴其師，不愛其資，雖智大迷，是謂要妙。

第二十八章

知其雄，守其雌，爲天下谿。爲天下谿，常德不離，復歸於嬰兒。知其白，守其黑，爲天下式。爲天下式，常德不忒，復歸於無極。知其榮，守其辱，爲天下谷。爲天下谷，常德乃足，復歸於樸。樸散則爲器，聖人用之則爲官長。故大制不割。

第二十九章

將欲取天下而爲之，吾見其不得已。天下神器，不可爲也。爲者敗之，執者失之。故物或行或隨，或歔或吹，或強或羸，或挫或隳。是以聖人去甚，去奢，去泰。

第三十章

以道佐人主者，不以兵強天下，其事好還。師之所處，荊棘生焉。大軍之後，必有凶年。善有果而已，不敢以取强。果而勿矜，果而勿伐，果而勿驕，果而不得已，果而勿强。物壯則老，是謂不道，不道早已。

第三十一章

夫佳兵者，不祥之器。物或惡之，故有道者不處。君子居則貴左，用兵則貴右。兵者，不祥之器，非君子之器。不得已而用之，恬淡爲上，勝而不美。而美之者，是樂殺人。夫樂殺人者，則不可以得志於天下矣。吉事尚左，凶事尚右。偏將軍居左，上將軍居右，言以喪禮處之。殺人之衆，以哀悲泣之。戰勝，以喪禮處之。

第三十二章

道常無名，樸雖小，天下莫能臣也。侯王若能守之，萬物將自賓。天地相合以降甘露，民莫之令而自均。始制有名，名亦既有，夫亦將知止。知止可以不殆。譬道之在天下，猶川谷之於江海。

第三十三章

知人者智，自知者明。勝人者有力，自勝者强。知足者富，强行者有志，不失其所者久，死而不亡者壽。

第三十四章

大道氾兮，其可左右。萬物恃之而生而不辭，功成不名有，衣養萬物而不爲主。常無欲，可名於小。萬物歸焉而不爲主，可名爲大。以其終不自爲大，故能成其大。

第三十五章

執大象，天下往。往而不害，安平太。樂與餌，過客止。道之出口，淡乎其無味，視之不足見，聽之不足聞，用之不足既。

第三十六章

將欲歙之，必固張之。將欲弱之，必固強之。將欲廢之，必固興之。將欲奪之，必固與之，是謂微明。柔弱勝剛強。魚不可脱於淵，國之利器不可以示人。

第三十七章

道常無爲而無不爲，侯王若能守之，萬物將自化。化而欲作，吾將鎮之以無名之樸。無名之樸，夫亦將無欲。不欲以靜，天下將自定。

下篇

第三十八章

上德不德，是以有德。下德不失德，是以無德。上德無爲而無以爲，下德爲之而有以爲。上仁爲之而無以爲，上義爲之而有以爲，上禮爲之而莫之應，則攘臂而扔之。故失道而後德，失德而後仁，失仁而後義，失義而後禮。夫禮者，忠信之薄而亂之首。前識者，道之華而愚之始。是以大丈夫處其厚，不居其薄。處其實，不居其華。故去彼取此。

第三十九章

昔之得一者，天得一以清，地得一以寧，神得一以靈，谷得一以盈，萬物得一以生，侯王得一以爲天下貞。其致之。天無以清將恐裂，地無以寧將恐發，神無以靈將恐歇，谷無以盈將恐竭，萬物無以生將恐滅，侯王無以貴高將恐蹶。故貴以賤爲本，高以下爲基。是以侯王自謂孤寡不穀。此非以賤爲本邪？非乎？故致數輿無輿。不欲琭琭如玉，珞珞如石。

第四十章

反者，道之動。弱者，道之用。天下萬物生於有，有生於無。

第四十一章

上士聞道，勤而行之。中士聞道，若存若亡。下士聞道，大笑之，不笑不足以爲道。故建言有之：明道若昧，進道若退，夷道若纇。上德若谷，大白若辱，廣德若不足，建德若偷，質真若渝。大方無隅，大器晚成，大音希聲，大象無形。道隱無名，夫唯道善貸且成。

第四十二章

道生一，一生二，二生三，三生萬物。萬物負陰而抱陽，沖氣以爲和。人之所惡，唯孤寡不穀，而王公以爲稱。故物，或損之而益，或益之而損。人之所教，我亦教之。强梁者不得其死，吾將以爲教父。

第四十三章

天下之至柔，馳騁天下之至堅。無有入無閒，吾是以知無爲之有益。不言之教，無爲之益，天下希及之。

第四十四章

名與身孰親？身與貨孰多？得與亡孰病？是故甚愛必大費，多藏必厚亡。知足不辱，知止不殆，可以長久。

第四十五章

大成若缺，其用不弊。大盈若沖，其用不窮。大直若屈，大巧若拙，大辯若訥。躁勝寒，靜勝熱，清靜爲天下正。

第四十六章

天下有道，卻走馬以糞。天下無道，戎馬生於郊。禍莫大於不知足，咎莫大於欲得，故知足之足，常足矣。

第四十七章

不出户，知天下。不闚牖，見天道。其出彌遠，其知彌少。是以聖人不行而知，不見而名，不爲而成。

第四十八章

爲學日益，爲道日損。損之又損，以至於無爲，無爲而無不爲。取天下常以無事，及其有事，不足以取天下。

第四十九章

聖人無常心，以百姓心爲心。善者，吾善之。不善者，吾亦善之，德善。信者，吾信之。不信者，吾亦信之，德信。聖人在天下歙歙，爲天下渾其心。聖人皆孩之。

第五十章

出生入死。生之徒十有三，死之徒十有三。人之生動之死地，亦十有三。夫何故？以其生生之厚，蓋聞善攝生者，陸行不遇兕虎，入軍不被甲兵，兕無所投其角，虎無所措其爪，兵無所容其刃。夫何故？以其無死地。

第五十一章

道生之，德畜之，物形之，勢成之。是以萬物莫不尊道而貴德。道之尊，德之貴，夫莫之命而常自然。故道生之，德畜之：長之、育之、亭之、毒之、養之、覆之。生而不有，爲而不恃，長而不宰，是謂玄德。

第五十二章

天下有始，以爲天下母。既得其母，以知其子。既知其子，復守其母，没身不殆。

塞其兑，閉其門，終身不勤。開其兑，濟其事，終身不救。見小曰明，守柔曰強。用其光，復歸其明，無遺身殃，是爲習常。

第五十三章

使我介然有知，行於大道，唯施是畏。大道甚夷，而民好徑。朝甚除，田甚蕪，倉甚虛。服文綵，帶利劍，厭飲食，財貨有餘，是謂盗夸。非道也哉！

第五十四章

善建者不拔，善抱者不脱，子孫以祭祀不輟。修之於身，其德乃真。修之於家，其德乃餘。修之於鄉，其德乃長。修之於國，其德乃豐。修之於天下，其德乃普。故以身觀身，以家觀家，以鄉觀鄉，以國觀國，以天下觀天下。吾何以知天下然哉？以此。

第五十五章

含德之厚，比於赤子。蜂蠆虺蛇不螫，猛獸不據，攫鳥不搏。骨弱筋柔而握固，未知牝牡之合而全作，精之至也。終日號而不嗄，和之至也。知和曰常，知常曰明，益生曰祥，心使氣曰強。物壯則老，謂之不道，不道早已。

第五十六章

知者不言，言者不知。塞其兑，閉其門，挫其鋭。解其分，和其光，同其塵，是謂玄同。故不可得而親，不可得而疎。不可得而利，不可得而害。不可得而貴，不可得而賤，故爲天下貴。

第五十七章

以正治國，以奇用兵，以無事取天下。吾何以知其然哉？以此。天下多忌諱，而民彌貧。民多利器，國家滋昏。人多伎巧，奇物滋起。法令滋彰，盜賊多有。故聖人云：我無爲而民自化，我好靜而民自正，我無事而民自富，我無欲而民自樸。

第五十八章

其政悶悶，其民淳淳。其政察察，其民缺缺。禍兮福之所倚，福兮禍之所伏。孰知其極？其無正？正復爲奇，善復爲妖，人之迷，其日固久。是以聖人方而不割，廉而不劌，直而不肆，光而不燿。

第五十九章

治人事天莫若嗇。夫唯嗇，是謂早服。早服謂之重積德，重積德則無不克，無不克則莫知其極，莫知其極，可以有國。有國之母，可以長久。是謂深根固柢，長生久視之道。

第六十章

治大國若烹小鮮。以道莅天下，其鬼不神。非其鬼不神，其神不傷人。非其神不傷人，聖人亦不傷人。夫兩不相傷，故德交歸焉。

第六十一章

大國者下流。天下之交，天下之牝。牝常以靜勝牡，以靜爲下。故大國以下小國，則取小國。小國以下大國，則取大國。故或下以取，或下而取。大國不過欲兼畜人，小國不過欲入事人，夫兩者各得其所欲，大者宜爲下。

第六十二章

道者萬物之奥，善人之寶，不善人之所保。美言可以市，尊行可以加人。人之不善，何棄之有！故立天子，置三公，雖有拱璧以先駟馬，不如坐進此道。古之所以貴此道者何？不曰以求得，有罪以免邪？故爲天下貴。

第六十三章

爲無爲，事無事，味無味。大小多少，報怨以德。圖難於其易，爲大於其細。天下難事必作於易，天下大事必作於細，是以聖人終不爲大，故能成其大。夫輕諾必寡信，多易必多難，是以聖人猶難之。故終無難矣。

第六十四章

其安易持，其未兆易謀，其脆易泮，其微易散。爲之於未有，治之於未亂。合抱之木，生於毫末。九層之臺，起於累土。千里之行，始於足下。爲者敗之，執者失之。是以聖人無爲，故無敗。無執，故無失。民之從事，常於幾成而敗之。慎終如始，則無敗事。是以聖人欲不欲，不貴難得之貨。學不學，復衆人之所過。以輔萬物之自然，而不敢爲。

第六十五章

古之善爲道者，非以明民，將以愚之。民之難治，以其智多。故以智治國，國之賊。不以智治國，國之福。知此兩者，亦稽式。常知稽式，是謂玄德。玄德深矣，遠矣，與物反矣，然後乃至大順。

第六十六章

江海所以能爲百谷王者，以其善下之，故能爲百谷王。是以欲上民，必以言下之。欲先民，必以身後之。是以聖人處上而民不重，處前而民不害，是以天下樂推而不厭。以其不爭，故天下莫能與之爭。

第六十七章

天下皆謂我道大，似不肖。夫唯大，故似不肖。若肖，久矣其細也夫。我有三寶，持而保之。一曰慈，二曰儉，三曰不敢爲天下先。慈，故能勇。儉，故能廣。不敢爲天下先，故能成器長。今舍慈且勇，舍儉且廣，舍後且先，死矣！夫慈，以戰則勝，以守則固，天將救之，以慈衛之。

第六十八章

善爲士者不武，善戰者不怒，善勝敵者不與，善用人者爲之下。是謂不爭之德，是謂用人之力，是謂配天古之極。

第六十九章

用兵有言，吾不敢爲主而爲客，不敢進寸而退尺。是謂行無行，攘無臂，扔無敵，執無兵。禍莫大於輕敵，輕敵幾喪吾寶。故抗兵相加，哀者勝矣。

第七十章

吾言甚易知，甚易行，天下莫能知，莫能行。言有宗，事有君。夫唯無知，是以不我知。知我者希，則我者貴，是以聖人被褐懷玉。

第七十一章

知不知，上。不知知，病。夫唯病病，是以不病。聖人不病，以其病病，是以不病。

第七十二章

民不畏威，則大威至。無狎其所居，無厭其所生。夫唯不厭，是以不厭。是以聖人自知，不自見。自愛，不自貴。故去彼取此。

第七十三章

勇於敢則殺，勇於不敢則活。此兩者，或利或害。天之所惡，孰知其故？是以聖人猶難之。天之道，不爭而善勝，不言而善應，不召而自來，繟然而善謀。天網恢恢，疏而不失。

第七十四章

民不畏死，奈何以死懼之！若使民常畏死，而爲奇者吾得執而殺之，孰敢？常有司殺者殺，夫代司殺者殺，是謂代大匠斲。夫代大匠斲者，希有不傷其手矣。

第七十五章

民之饑，以其上食税之多，是以饑。民之難治，以其上之有爲，是以難治。民之輕死，以其求生之厚，是以輕死。夫唯無以生爲者，是賢於貴生。

第七十六章

人之生也柔弱，其死也堅強。萬物草木之生也柔脆，其死也枯槁。故堅強者死之徒，柔弱者生之徒。是以兵強則不勝，木強則兵。強大處下，柔弱處上。

第七十七章

天之道，其猶張弓與！高者抑之，下者舉之。有餘者損之，不足者補之。天之道，損有餘而補不足。人之道則不然，損不足以奉有餘。孰能有餘以奉天下？唯有道者。是以聖人爲而不恃，功成而不處，其不欲見賢。

第七十八章

天下莫柔弱於水，而攻堅強者莫之能勝，其無以易之。弱之勝強，柔之勝剛，天下莫不知，莫能行。是以聖人云：受國之垢，是謂社稷主。受國不祥，是爲天下王。正言若反。

第七十九章

和大怨，必有餘怨，安可以爲善？是以聖人執左契，而不責於人。有德司契，無德司徹。天道無親，常與善人。

第八十章

小國寡民，使有什伯之器而不用，使民重死而不遠徙。雖有舟輿，無所乘之。雖有甲兵，無所陳之。使人復結繩而用之。甘其食，美其服，安其居，樂其俗。鄰國相望，鷄犬之聲相聞，民至老死不相往來。

第八十一章

信言不美，美言不信。善者不辯，辯者不善。知者不博，博者不知。聖人不積，既以爲人，己愈有。既以與人，己愈多。天之道，利而不害。聖人之道，爲而不爭。

跋

邇世論老者彌爲汗漫，其失於愈附會者愈違其解故，解老故多謬盭。故凡治經，必以小學植其基，始可推校先典而通會其旨，辯證無所恇惑妄牽，見具幹蠱之功。蓋小學者，實爲國故之本，王教之端。太炎先生曰：「近世文士，不窺六代學術之本。夫忽略名實，則不足以説典禮；浮辭未翦，則不足以窮遠致。言能經國，詘于籩豆有司之守；德音孔膠，不達智慮形骸之表。故篇章無計簿之用，文辯非窮理之器，彼二短者，僕自以爲絶焉。」余涉歷艱虞，晚於老子書雖獨有深契，愚管所及，未足大觀，迺藉是書删述甫就，附詩述懷：「披尋楚簡辨蟲魚，手抉叢殘訓帛書。津逮晚來裨老學，道遺時復起莊譽。焚膏苦耐尋常寂，瀝血窮探點滴餘。紛蔽能通於獨覺，積微成著又何如。」

歲次戊戌嘉平月雍平撰於花洲右溪草堂